# Transformando problemas em oportunidades

← FLIP THINKING

# Berthold Gunster

# Transformando problemas em oportunidades

 THINKING

Traduzido por Fernanda Abreu

Título original: *Flip Thinking*

Copyright © 2022 por Berthold Gunster
Copyright da tradução © 2024 por GMT Editores Ltda.

Todos os direitos reservados. Nenhuma parte deste livro pode ser utilizada ou reproduzida sob quaisquer meios existentes sem autorização por escrito dos editores.

*coordenação editorial:* Alice Dias
*produção editorial:* Livia Cabrini
*preparo de originais:* Priscila Cerqueira
*revisão:* Hermínia Totti e Tereza da Rocha
*diagramação:* Guilherme Lima e Natali Nabekura
*capa:* Ana Paula Daudt Brandão
*imagem de capa:* David Malan | Getty Images
*impressão e acabamento:* Cromosete Gráfica e Editora Ltda.

CIP-BRASIL. CATALOGAÇÃO NA PUBLICAÇÃO
SINDICATO NACIONAL DOS EDITORES DE LIVROS, RJ

G985t

Gunster, Berthold
Transformando problemas em oportunidades / Berthold Gunster ; tradução Fernanda Abreu. - 1. ed. - Rio de Janeiro : Sextante, 2024.
240 p. ; 23 cm.

Tradução de: Flip thinking
ISBN 978-65-5564-855-3

1. Filosofia do pensamento. 2. Conduta de vida. I. Abreu, Fernanda. II. Título.

24-88661

CDD: 153.42
CDU: 159.955

Gabriela Faray Ferreira Lopes - Bibliotecária - CRB-7/6643

Todos os direitos reservados, no Brasil, por
GMT Editores Ltda.
Rua Voluntários da Pátria, 45 – 14º andar – Botafogo
22270-000 – Rio de Janeiro – RJ
Tel.: (21) 2538-4100
E-mail: atendimento@sextante.com.br
www.sextante.com.br

# Sumário

| | |
|---|---|
| Sim-mas | 7 |
| Seu novo livro de cabeceira: Algumas sugestões iniciais | 9 |
| Flip thinking | 12 |

## Parte 1: A bagagem — 21

| | |
|---|---|
| Aceitação | 23 |
| Observação: Os limites da nossa percepção | 32 |
| Problemas: Sobre a problematização | 42 |
| E se tudo der certo?: Nossa resistência à mudança | 48 |
| Antifragilidade: O crescimento pela resistência | 52 |
| Pensamento emperrado: Nossa tendência a transformar um problema em desastre | 56 |
| As quatro perguntas: Faça a pergunta certa na hora certa | 66 |
| Em resumo: Nossa mala está pronta. Colocamos nela sete itens | 72 |

## Parte 2: A jornada — 75

Quatro atitudes básicas: Amar, trabalhar, lutar e jogar — 77

Estratégia da aceitação — 81

Estratégia da espera — 88

Estratégia da potencialização — 95

Estratégia do respeito — 104

Estratégia da perseverança — 115

Estratégia do foco — 123

Estratégia do repensamento — 130

Estratégia da eliminação — 139

Estratégia da incorporação — 147

Estratégia da colaboração — 152

Estratégia da instigação — 160

Estratégia da ostentação — 171

Estratégia da troca de papéis — 178

Estratégia da perturbação — 185

Estratégia da inversão — 194

## Parte 3: Por fim — 205

Resumo: As quinze estratégias do flip thinking — 207

Sua vez — 217

Nas coxias — 219

Leituras recomendadas — 221

Notas e referências — 229

O que é Omdenken? — 238

# Sim-mas

Imagine o seguinte: você tem uma ideia genial e tudo que ouve dos outros é sim-mas. "Sim, mas isso já foi tentado e não funcionou." "Sim, mas não seria melhor esperar um pouco antes de decidir?" "Sim, mas se não der certo?"

Todos esses sim-mas nos passam a impressão de que qualquer tentativa de inovar vai acabar enterrada no lodo pantanoso de objeções aparentemente sensatas. E é isto mesmo que acontece: o pensamento sim-mas se fecha para a vida e, como um dragão, cospe restrições e ameaças que nos impedem de avançar. Por mais válidos que sejam, nossos argumentos são recebidos com resistência, e o resultado é a estagnação.

A boa notícia é que existe outro caminho: a atitude sim-e. Essa mentalidade mais aberta enfatiza o que *pode* ser feito, valorizando as possibilidades. Com ela conseguimos ver o caminho que se estende além dos dragões. O resultado? Criatividade e inovação.

Este livro ensina a sair do modo sim-mas e abraçar o sim-e; ensina a pensar em termos de oportunidades, não de problemas. No modo sim-e, novas soluções podem ser descobertas de modo surpreendentemente fácil. Olhar para um problema de uma perspectiva nova, ou mesmo um pouco diferente, pode levar a uma grande descoberta com pouquíssimo esforço. Não precisamos lutar contra nossos problemas: podemos *transformá-los* em oportunidades. Podemos torná-los nossos aliados.

A arte de transformar problemas em oportunidades pode ser aprendida. É uma espécie de jiu-jítsu psicológico, uma técnica que eu chamo de flip thinking (ou Omdenken, no meu neerlandês natal, algo como "pensamento invertido"). Essa técnica não apenas conduz à solução de um problema como também pode revelar possibilidades inteiramente novas. Assim como a lagarta se metamorfoseia em borboleta, um problema se transforma numa linda nova realidade. Isso leva a um paradoxo surpreendente: quanto mais problemas confrontarmos, melhor.

Com o flip thinking, melhoramos nossa vida *aceitando* os problemas (a dor, a perda, a carência) em vez de evitá-los olhando apenas o lado bom, feito Poliana. E esse processo começa quando encaramos a realidade. Um pessimista não liga a mínima para quanta água há no copo: ele só vê mais uma louça para lavar. Por que ele não pode simplesmente matar a sede com meio copo d'água?

Criei o conceito de flip thinking em 1997 nos Países Baixos, onde vivo. Desde então, junto de minha equipe de atores e instrutores, já organizei mais de 10 mil workshops divertidos e educativos para mais de 1 milhão de pessoas. Além dos Países Baixos, já nos apresentamos na Espanha, em Singapura, na Grã-Bretanha, na Alemanha e na França. Já escrevi doze livros sobre o tema, todos sucessos de vendas. Só nos Países Baixos, foram vendidos mais de 1 milhão e 300 mil exemplares (lembrando que temos uma população de apenas 17,4 milhões de pessoas!). Esses livros já foram traduzidos para o inglês, italiano, dinamarquês, alemão e – agora – português.

A história do flip thinking não termina aqui. Ela continua se desenvolvendo, crescendo e amadurecendo. E é com muito orgulho que incluo você nessa jornada. Torço para que aprecie este livro. Torço para que aprenda muitas coisas com ele. Acima de tudo, torço para que, ao terminar a leitura, você tenha entendido que os problemas nada mais são do que frustrações que ainda não ganharam forma. Frustrações que podem ser fontes de prazer se forem transformadas numa nova e desejável realidade.

*Berthold Gunster*

# Seu novo livro de cabeceira

## Algumas sugestões iniciais

**1.** Certa vez li que cerca de 64% das pessoas leem antes de dormir, que o tempo médio de leitura é de dez minutos, e que o ritmo médio gira em torno de trezentas palavras por minuto. Isso pode se aplicar ou não a todos os leitores e leitoras, mas foi com essas estimativas em mente que dividi o livro em capítulos curtos, para que você possa ler um capítulo por noite antes de dormir.

**2.** Este livro não é um romance; é uma obra de não ficção. Apresenta pensamentos, abordagens e exemplos inspiradores (assim espero) sobre a minha teoria. No entanto, não existe uma "teoria do flip thinking" que eu possa expor com instruções lógicas e diretas, de A a Z. Para aprender o flip thinking, você precisa primeiro tentar sozinho. Do contrário, seria como lhe oferecer um tour pela minha casa sem antes sequer abrir a porta da frente. Ao examinar a casa pelo lado de fora, quem sabe por uma janela, uma fresta, uma chaminé, ou dando a volta até a entrada lateral ou dos fundos, você veria uma coisa diferente a cada vez e provavelmente teria a sensação de estar passando ao largo da experiência completa. Então meu conselho é que você não apenas acredite no que estou dizendo, mas também que entre na casa, passe algum tempo lá dentro e aplique o conceito na sua vida para sentir na pele como ele funciona.

**3.** Aprender é algo que se dá em vários níveis; parte do processo é consciente, mas grande parte não. Lemos uma coisa, sonhamos com ela, falamos a respeito dela com alguém no dia seguinte, aplicamos intuitivamente aquele conceito... e só depois nos damos conta de que o aprendemos. Esse é outro motivo pelo qual recomendo uma leitura vagarosa, aos poucos. Passo a passo, lendo um capítulo por dia, você dará à sua mente tempo para absorver as descobertas e se deliciar com elas. Pode ser também que em dado momento você queira reler alguns capítulos.*

**4.** Ignore os três pontos anteriores. Leia o livro como quiser. Ou talvez nem leia.

---

* Embora eu venha escrevendo e falando sobre o flip thinking há mais de quinze anos, sempre consulto materiais que já li milhares de vezes e penso: "Que interessante! Preciso pôr isso em prática!" Dá para ver que entre entender e fazer há um abismo imenso.

## Sim-mas

**Pensar no que deveria existir, mas não existe.**

## Sim-e

**Ver o que existe e o que se pode fazer com isso.**

# Flip thinking

*Um pessimista vê dificuldade em qualquer oportunidade;*
*um otimista vê oportunidade em qualquer dificuldade.\**

Antes de começarmos, deixe-me contar um pouco mais sobre meu histórico. Minha formação é como diretor de teatro, com ênfase na arte do improviso. Essas são as bases da minha filosofia. Quais são as regras de ouro do improviso? Duas coisas bem simples: *aceitar* a realidade como ela é e *fazer* alguma coisa com isso. Imagine uma cena improvisada na qual uma das atrizes seja dentista, e a outra, paciente. Poderia haver uma cena em que a paciente não se queixasse de nada? Bem, poderia, mas seria uma cena bem sem graça: "Bom dia", "Bom dia", "Tudo bem?", "Tudo", "Que ótimo, nos vemos no ano que vem então", "Ok, tchau". O improviso, como toda boa dramaturgia, gira em torno de um problema. Sendo assim, o que os atores de improviso aprendem? Eles aprendem a abraçar ou, melhor ainda, a amar os problemas e o que é possível criar a partir deles. Aprendem a usar os problemas como pontos de partida.

Quando comecei a trabalhar como diretor de teatro, não segui o caminho habitual. Por mais de dez anos criei peças com e sobre pessoas que passavam por dificuldades na vida: moradores de bairros carentes da cidade de Utreque, pessoas que amargavam pobreza, desemprego e outras mazelas sociais. Também trabalhei com crianças que fugiam de casa, pessoas

---

\* A fonte dessa brilhante citação é desconhecida, mas ela com frequência é atribuída equivocadamente a Winston Churchill.

em situação de rua e dependentes químicos. Montei espetáculos com essas pessoas não só nos Países Baixos mas também na Ucrânia, Espanha, Escócia, Alemanha, Polônia, Bélgica e Estados Unidos. Em Chicago, iniciei um projeto com desabrigados chamado *Not Your Mama's Bus Tour* (Passeio de ônibus que sua mãe não faria). Durante esse passeio teatral, pessoas (antes) sem-teto permitiam à plateia ver a cidade pelos olhos de quem vivia na rua.

Ao longo desses projetos como diretor, precisei compreender uma coisa importante: meu elenco não era formado por atores profissionais. Embora muitos deles tivessem um talento inquestionável, fui forçado a trabalhar com muitas limitações. Então o que precisei fazer? Tive que aprender a trabalhar como um ator de improviso: aceitando a realidade como ela era, vendo e acolhendo as limitações dos meus "atores" e, ao mesmo tempo, descobrindo quais habilidades eles tinham e como poderíamos fazer juntos uma peça genuína, convincente e autêntica do jeito que eles eram, não do jeito que eu gostaria que fossem. Então mudar minha perspectiva foi inevitável. O que se pode fazer quando cinco canais de televisão – entre eles a CNN – querem cobrir sua estreia, mas uma das atrizes não dá as caras? O fato de essa mulher chegar na hora ou atrasada (ou nem sequer aparecer) passou a fazer parte do espetáculo. O resultado? Simplesmente maravilhoso! Se ela aparecesse, a plateia aplaudia. Se não aparecesse, o público aprendia quão extraordinariamente difícil podia ser a vida nas ruas.

Só que os cenários que favorecem o improviso são o contrário do que queremos na vida. Não queremos passar por dificuldades e lidar com elas. Queremos felicidade! Alegria! Saúde! Queremos que nossa vida transcorra sem percalços.

Infelizmente não é assim que a vida funciona. Para ninguém. A vida de qualquer pessoa é cheia de decepções, reveses, tragédias, obstáculos, adversidades. E qual é nossa tendência ao sermos confrontados com essas situações? Resolvê-las. Problemas são horríveis. Queremos nos livrar deles ou ao menos evitá-los. Que fique bem claro: não há nada de errado em resolvê-los. Muitas vezes, porém, resolver problemas significa perder uma oportunidade em potencial. Como os atores de improviso aprendem a fazer, nós também podemos transformar um problema em alguma coisa, em alguma oportunidade. Podemos transformar uma ausência no ponto alto do espetáculo.

Com este livro, quero ajudar você a viver sua vida como se estivesse interpretando um papel numa peça. Uma peça muito real. Um papel muito real. Com problemas muito reais. E muitos desses problemas podem ajudar você a encontrar um caminho para oportunidades inesperadas. De vez em quando, é possível trocar um problema por uma oportunidade. Os problemas podem derrotar você, mas também podem torná-lo mais forte, mais sábio, mais divertido e, em última instância, mais criativo. Com este livro, quero lhe mostrar as ferramentas e os macetes para ressignificá-los.

Fazer isso não é fácil. Mas não tenha medo, pois é possível aprender. Talvez o mais difícil seja aceitar, como um ator de improviso, as coisas que você não pode mudar, e depois descobrir o que fazer com elas. Até que isso aconteça, o flip thinking será apenas uma ilusão. Mas, com a atitude certa, se tornará uma habilidade a ser aperfeiçoada. Então mãos à obra.

Certa vez, num programa de televisão apresentado pelo comediante Paul de Leeuw e transmitido ao vivo nos Países Baixos, um homem nu entrou correndo no estúdio gritando "Não maltrate os animais!", frase que também trazia escrita no peito. O apresentador estava no meio de um quadro, falando ao telefone com uma espectadora. Ele entrou em pânico e chamou os comerciais? Não. Ele interrompeu a conversa ao telefone e se virou para o homem pelado: "Só um momento, já falo com você." E então terminou com toda a calma seu telefonema. O homem ficou parado em cena, com uma expressão meio espantada, mas esperando educadamente sua vez. Ao encerrar a ligação, De Leeuw chamou o homem para se sentar numa cadeira e disse: "Vamos lá, me explique essa história de não maltratar os animais."

Num programa ao vivo, um invasor nu costuma ser considerado um problemão. No entanto, ao dizer sim-e para a situação, De Leeuw conseguiu transformá-la. Algo que inicialmente seria uma interrupção polêmica foi incorporado ao programa sem qualquer esforço.

Esse é um exemplo de flip thinking. Ao tratar um problema como uma oportunidade, conseguimos tirar partido dele. Da mesma forma que se pode aprender a tirar partido da força do adversário numa luta de jiu-jítsu, é possível usar a força de um obstáculo a nosso favor. Em vez de lutar contra ele, deixamos que ele lute contra si mesmo.

Vou dar um segundo exemplo. Um homem de 31 anos acabou de se casar e foi morar longe dos pais, a mais de 150 quilômetros de distância. Os pais vão visitá-lo duas vezes por mês munidos de baldes, esfregões e espanadores para fazer uma faxina completa (sem que ninguém pedisse). É claro que os recém-casados não gostam disso. Eles sempre dão uma arrumada na casa antes de cada visita, mas nem isso evita a faxina quinzenal.

Desesperado, o casal pede ajuda ao psicólogo Paul Watzlawick. Conhecido por ser pouco convencional, Watzlawick lhes dá um conselho surpreendente, sugerindo que eles não limpem nada antes da visita seguinte. Na verdade, quanto mais bagunçada a casa estiver, melhor. Se os pais começarem a fazer faxina, diz ele, o jovem casal deve agir como se isso fosse a coisa mais normal do mundo e não mover uma palha para ajudar. Então é isso que o casal faz.

Na visita seguinte a casa está um caos completo, com pilhas de louça, roupa suja e bagunça por toda parte. Os pais passam o fim de semana inteiro faxinando e, na hora de ir embora, estão loucos para sair dali. "É a última vez que vamos ajudar esses dois. Eles que se virem sozinhos!"

A reação de Paul de Leeuw e a abordagem de Watzlawick são contraintuitivas. Pode até parecer que uma reação assim exigiria uma grande dose de criatividade. Mas na verdade é possível seguir alguns passos lógicos.

Para começar: em ambos os casos, de um jeito ou de outro, o problema foi completamente ignorado. Tanto os recém-casados quanto De Leeuw pareciam estar se recusando a reagir, como se na verdade não existisse problema algum. Eles pareciam até estar *gostando* da situação. Na maioria dos casos, quando acontece algo que não queríamos que acontecesse, nossa reação é resistir – no modo sim-mas. Tentamos nos livrar do problema ou pelo menos amenizá-lo.

Um peladão entrou aos berros no set de um programa ao vivo?

*Sim, mas isso não pode acontecer. Tirem esse cara daqui!*

Os pais invadem a casa do filho de quinze em quinze dias para fazer faxina?

*Sim, mas isso não se faz. Converse com eles! Resolva isso.*

É claro que às vezes combater um problema funciona, mas em geral é como pisar numa cobra por cima de um tapete. O problema se contorce e vai embora, mas depois reaparece. Muitos problemas são simplesmente complexos demais para serem resolvidos com uma abordagem direta e lógica.

E não é só isso: o pensamento sim-mas é pouco construtivo. Ficamos obcecados por como as coisas "deveriam ser". O jovem marido quer que os pais se enquadrem num modelo de "bons pais e bons sogros". De Leeuw provavelmente teria preferido que seu programa corresse de acordo com o roteiro. Nesses casos, o que fazemos em geral é tentar *reparar* a situação. Nossas expectativas nos levam a percebê-la como um problema. Só que o problema não está tanto na realidade, mas dentro da nossa cabeça, e nosso pensamento sim-mas (nossa noção de como o mundo "deveria ser") perpetua ou até agrava a situação. O segredo é aprender a pensar fora dos nossos limites.

Faça a si mesmo a seguinte pergunta: quem cria a definição de bons pais ou as regras de como um programa ao vivo deve transcorrer? Existem leis gravadas em pedra? Começamos a praticar o flip thinking quando abandonamos a ideia do que "deveria ser" e passamos a considerar o que "poderia ser".

## Primeiro passo: desconstrução – transforme um problema num fato

O primeiro passo é trocar a mentalidade "sim-mas" por "sim". Literalmente, diga "sim" para a situação que está se apresentando. Pais espaçosos não são um problema a ser solucionado; são um dado, um fato. Afinal, podemos dizer qualquer coisa sobre a realidade, mas, por definição, ela é o que é. Aceitá-la poupa um bocado de esforço.

Este primeiro passo é o que chamo de *desconstrução*. Você vai desmembrando o problema, removendo todos os "deveria", até deixar apenas os fatos. Ao longo do livro, veremos que esse processo às vezes pode ser bem difícil. É como tentar quebrar uma noz muito dura, cuja casca é tão grossa quanto a firmeza com a qual você se agarra à sua noção de como as coisas deveriam ser.

## Segundo passo: reconstrução – transforme um fato numa oportunidade

Em seguida vem a paradoxal e criativa percepção da possibilidade. Se seus pais querem fazer faxina na sua casa, tudo bem, que façam. Eles não *deveriam* se meter; não é isso que se espera deles. Só que nosso pensamento tem a incrível capacidade de transformar aparentes contradições em oportunidades inesperadas. Neste segundo passo (que passa do "sim" ao "sim-e"), você *recolhe os caquinhos*, os fragmentos dos fatos, e descobre o que pode fazer com eles. Essa transformação de um fato numa oportunidade é a fase da *reconstrução*, de passar do que é para o que poderia ser.

\* \* \*

Às vezes praticar o flip thinking é complicado, doloroso e demorado. Pode envolver luto, tristeza e resistência. Em muitos casos precisamos de paciência, tenacidade e autoconfiança para conseguir fazer a virada. Mas outras vezes o processo pode ser surpreendentemente fácil, mais parecido com estourar uma bola de sabão do que com quebrar uma noz dura. Uma estranha mistura de "Sério? É simples assim?" com "Dã! Não acredito que não pensei nisso antes!".

O flip thinking não segue uma fórmula matemática. E, mais do que uma arte, trata-se de uma habilidade. Quero deixar isso bem claro. Sei por experiência própria que muita gente espera que seja um processo de análise lógica, uma espécie de ciência, capaz de proporcionar um novo conjunto de princípios aplicáveis aos problemas com precisão matemática. Quando entendem que não funciona assim, as pessoas se decepcionam. Portanto eu repito: o flip thinking não segue fórmulas prontas; é um processo criativo que se adapta às circunstâncias.

Vejamos o caso de um vídeo espanhol de seis segundos que viralizou no YouTube. Um pai queria ir a pé até o mercado com o filhinho de 3 anos. Só que a criança queria ir de carro. O pai, parado na calçada de casa, ficava dizendo "a pé", e o filho, com a mão na porta do carro, respondia "aqui". Isso se repetia uma, duas, três, quatro vezes. "A pé", "aqui", "a pé", "aqui". Então, de uma hora para outra, o pai trocou de papel e sem pestanejar disse "aqui". Qual foi o efeito surpreendente? O filho no mesmo instante respondeu "a pé", soltou a porta do carro e caminhou até o pai na calçada. Fim do conflito.

O pai usou a estratégia da troca de papéis, que funcionou perfeitamente com seu filho de 3 anos porque crianças nessa idade querem ser *autônomas* e tomar as próprias decisões. Se você disser: "Você não pode comer tudo, senão vai crescer e ficar forte", elas vão limpar o prato só para ser do contra – ou seja, para fazer o que *elas* querem fazer. Só que essa estratégia não funciona por muito tempo. Depois de um ou dois meses o menininho sacaria o truque do pai e, quando ele dissesse "aqui", a criança responderia "aqui" também.

O flip thinking não oferece regras infalíveis nem universais. Ele precisa evoluir e se adaptar às consequências. O que ele oferece, sim, é uma forma de expandir continuamente nosso repertório de soluções.

É possível dominar essa técnica apenas lendo sobre ela? Infelizmente, não. Só se pode aprender praticando. Nesse sentido, é como tocar piano: tocar bem exige anos de prática. Se você apenas ler este livro e não experimentar as técnicas, ele não vai significar nada para você além de uma coletânea de histórias divertidas. É só aplicando o flip thinking na própria vida que você verá de que ele é capaz.

O truque é usar as melhores ferramentas para cada situação. Para enfatizar seu caráter dinâmico, gosto de me referir ao flip thinking como uma *estratégia*. A origem desse termo remonta à arte da guerra: às vezes a abordagem mais eficiente é atacar, às vezes é se defender, ou então aguardar, debater, negociar. A arte da guerra exige um entendimento estratégico, assim como a inversão do pensamento. Ao longo do livro eu apresento quinze estratégias para pensar diferente. Algumas dizem respeito à fase da desconstrução (maneiras de desmantelar um problema), enquanto outras se referem à reconstrução (alternativas para criar novas oportunidades).

Pense na leitura deste livro como uma jornada. Quando você vai viajar, põe na mala tudo que acha que será necessário. Aqui também é essencial levar na mala certo número de *noções básicas*. Por esse motivo, o livro se divide em duas partes principais. A primeira apresenta a bagagem, ou seja, os conceitos fundamentais que ajudarão você a entender e aproveitar ao máximo as estratégias. A segunda guiará você na viagem propriamente dita, descrevendo as quinze estratégias para pensar diferente. A terceira parte é um resumo que torna tudo mais prático.

Vamos então à Parte 1.

A bagagem.

## flip thinking

Técnica de pensamento que transforma problemas em oportunidades. Sinônimo: pensamento sim-e. Antônimo: pensamento sim-mas, centrado nas ameaças, nos dragões pelo caminho.

# PARTE 1
# A bagagem

# Aceitação

*Se o problema não tiver solução, não perca tempo*
*se preocupando com ele. Se o problema tiver solução,*
*não perca tempo se preocupando com ele.*

Um jovem capitão estava pela primeira vez no comando de um imponente navio de guerra. Certa noite, o mar estava agitado, e o navio, envolto numa densa bruma. O capitão recebeu um sinal da cabine de comando: uma luz estranha vinha se aproximando bem de frente, em alta velocidade. O destemido capitão não pensou por mais de um segundo e logo ordenou que fosse transmitida a mensagem: "Vocês estão em rota de colisão. Mudem imediatamente o curso 20 graus para o sul." A resposta o deixou enfurecido. Era uma contraordem: "Mudem imediatamente o curso 20 graus para o norte." Outras mensagens semelhantes foram trocadas, com o capitão exigindo que a outra embarcação mudasse de curso, e a mesma contraordem chegando em resposta. Por fim, desesperado, o capitão avisou: "Atenção! Somos um navio de combate e vamos disparar!" A resposta foi rápida: "Atenção! Somos um farol!"[1]

Uma das noções básicas do flip thinking é que existem certos problemas e situações que simplesmente precisamos aceitar. É disso que trata este capítulo. Talvez você estranhe; afinal, flip thinking não tem a ver com mudança? Por que gastar tempo com coisas que *não* podemos influenciar? Infelizmente, na prática, investimos muita energia tentando mudar coisas que não podem ser mudadas. Como Dom Quixote, muitas vezes tentamos adequar a realidade aos nossos desejos. E enquanto fizermos isso, enquanto nosso foco for mudar o imutável, deixaremos as coisas que de fato *podemos* mudar exatamente como estão. Portanto, paradoxalmente, a resistência muitas vezes mantém o *status quo*, enquanto a aceitação pode conduzir à mudança. Nas provocadoras palavras do psicólogo Jeffrey Wijnberg: "A aceitação é a forma mais elevada de mudança."

Então comecemos pelo começo: a aceitação. Qual é a primeira coisa que lhe vem à mente quando você pensa sobre o que não pode mudar? O clima, por exemplo: quando está chovendo, não há nada que você possa fazer para mudar isso. Ou a morte, que é inevitável. Precisamos aceitá-la e pronto. Todos nós nascemos e todos nós morremos. É simples assim. E nosso humor? Podemos mudá-lo? Você diz a si mesmo "Seja feliz" e fica feliz automaticamente? A resposta é sim e não. Podemos influenciar de maneira consciente nosso humor, mas não controlá-lo por completo. E um relacionamento, ou a cultura de uma empresa? Como saber o que podemos mudar ou não?

Como nos explica o psicoterapeuta David Richo em seu livro *As 5 coisas que não podemos mudar*, há cinco aspectos da vida inalteráveis no mundo e em nós mesmos.[2] Insistir em mudá-los é um desperdício de esforço, como um cão latindo sem parar para o vaivém das ondas do mar.

## 1. As coisas mudam e terminam

Pé na porta número um (e pode crer que isto é verdade): não importa o que você esteja vivenciando, em algum momento vai acabar. Por mais precioso que algo nos seja (relacionamento, cônjuge, filhos, parentes, trabalho, saúde), tudo sempre muda e termina. É difícil aceitar isso. E o pior de tudo é que resistir não adianta nada, mas mesmo assim queremos desesperadamente nos agarrar a certas coisas. Agarrar-se ao que um dia existiu é compreensível, mas é fato que não temos alternativa senão deixar essas coisas irem embora. O que passou passou e nunca mais vai voltar. Nas palavras de Eckhart Tolle, autor de *O poder do Agora*: "Nada aconteceu no passado; aconteceu no Agora."

No fim das contas essa reflexão também se aplica ao futuro. Segundo o próprio Tolle, nada tampouco acontece amanhã. Todos os acontecimentos se dão "no Agora". O flip thinking começa com a aceitação da mutabilidade constante do momento presente. Acreditar que podemos impedir a mudança e a perda é construir uma ilusão sobre areia movediça.

É uma conclusão desoladora? Talvez, à primeira vista. Se você olhar bem, no entanto, vai ver que é extremamente positiva. O "aqui e agora" em constante mutação é uma fonte inesgotável de inspiração. Só podemos liberar essa inspiração se abandonarmos a ilusão de controle. Aceitar a impermanência da vida não é limitante; é libertador.

## 2. As coisas nem sempre saem como o planejado

Essa é outra verdade irritante com a qual todos vamos deparar. Pode ser que você tenha alugado uma casa de férias incrível, mas acabou descobrindo que não fizeram a reserva no seu nome. Ou então recebeu um quarto com vista para a área interna, não para o mar, como havia solicitado. E você passou um ano economizando para essas férias. Que raiva!

Tendemos a acreditar numa ilusão de controle sobre nossa vida, em parte porque essa ilusão costuma ser corroborada por fatos. Você aciona um interruptor e uma luz se acende. Pede uma comida pela internet e ela chega na hora marcada. Incontáveis coisas na vida funcionam desta maneira quase milagrosa: conforme o planejado, como acontecia na minha infância. Meu pai trabalhava no mercado de ações. Toda manhã ele tomava café na mesma lanchonete, e certo dia lhe trouxeram uma conta mais alta que o normal. Além do café, estavam lhe cobrando seis limonadas. Ele não gostava de limonada, mas eu adorava e estava com ele naquele dia. Como eu tinha conseguido pedir seis limonadas sem falar com ninguém? Tinha reparado que, para pedir café, meu pai levantava a mão e escrevia no ar, dizendo o próprio nome: "Gunster". Eu me sentei em outra mesa enquanto meu pai lia o jornal, repeti aquele mesmo gesto, falei "limonada" e "Gunster", e abracadabra: me trouxeram seis vezes um copo de limonada. Meu mundo estava correndo conforme o planejado. Mas foi só daquela vez.

A gente se casa, faz votos sagrados, depois se divorcia. Não era esse o plano. A gente tem filhos, torce para que sejam felizes e saudáveis, cria com todo o amor e o carinho, depois para de falar com eles por causa de um desentendimento. Isso não estava nos planos. A gente abre um negócio, mas vai à falência. Inúmeras coisas na vida não correm como o planejado. E, nesse caso também, o segredo é desapegar. Desapegar da ideia de que as coisas seguirão um plano, de que podemos controlar nossa vida. "É só querer o suficiente." "Você precisa se esforçar mais e perseverar." É com essas palavras que tentamos animar uns aos outros, e às vezes é um bom conselho. Mas muitas vezes não é. Às vezes é melhor não perseverar, e sim desapegar.

Especialmente no caso de relacionamentos amorosos, tendemos a nos agarrar à noção de como o outro "deveria ser" e tentamos mudar a pessoa amada. O psicólogo John Gottman, renomado especialista em relacionamentos, descobriu que chocantes 69% dos conflitos conjugais acontecem por causa de coisas que não se podem mudar. Um dos segredos para um casamento bem-sucedido, escreve ele, é o casal se dar conta de que o outro tem bastante coisa que nunca vai mudar – e ambos decidirem aceitar o parceiro "com todos os defeitos".[3]

## 3. A vida nem sempre é justa

Pois é, essa é dureza. Nada é justo. Por que você foi demitida e sua colega não? Por que se sente feio e meio estúpido, ao passo que seu irmão é inteligente, incrivelmente bonito e além de tudo tem uma personalidade radiante (e irritante, na sua opinião)? Como pode um fumante viver até quase os 100 anos enquanto seu vizinho, que sempre teve um estilo de vida saudável, malhava três vezes por semana e comia legumes regularmente, pegou um vírus desconhecido nas férias e morreu aos 36? Essas coisas não são nem um pouco justas. No entanto, uma briga contra a injustiça da vida é muitas vezes uma briga perdida.

Buscar justiça é nobre; não há nada de errado nisso. Contanto que seja de fato possível gerar algum impacto. E é exatamente aí que está o problema. Se não conseguimos influenciar nosso entorno, a crença num mundo justo se transforma rapidamente em empecilho. Em obstáculo. Na verdade, essa "hipótese de um mundo justo" é uma crença tão prejudicial que o psicólogo social Melvin Lerner considera esse um dos nossos mais significativos erros de julgamento. Tendemos a acreditar – de modo mais ou menos consciente – que "tudo tem volta", que "as pessoas têm o que merecem".

Visto que a maioria de nós se considera sensata, educada e competente, pensamos ter uma probabilidade menor de esbarrar em infortúnios. A ideia de que podemos simplesmente ter má sorte é perturbadora demais. Preferimos manter a ilusão de que controlamos nosso destino.

É em parte por isso que os contos de fadas fazem tanto sucesso. Os bonzinhos sempre saem ganhando. A justiça prevalece. Chapeuzinho Vermelho derrota o Lobo Mau; Branca de Neve é despertada com um beijo (pelo menos na versão da Disney); e João e Maria conseguem fugir da bruxa má. Nossas religiões também oferecem histórias que ajudam a manter a ilusão de justiça. Se fizer a coisa certa, você vai para o Céu. Suas boas ações serão recompensadas por toda a eternidade.

Só que o destino pode nos atormentar. De modo repentino. Cruel. Devastador. Imprevisível. O escritor neerlandês Harry Mulisch usava a imagem de uma nuvem de mosquitos para descrever o caráter aleatório da vida. Nós, seres humanos, somos como mosquitos voando em bando, sem nos preocupar com nada, quando de repente um pássaro passa voando pelo meio da nuvem e devora um monte de mosquitos. Que justiça há nisso?

## 4. A dor faz parte da vida

Sim, as cinco coisas que precisamos aceitar estão ficando cada vez mais intensas. Ressignificar a dor é particularmente difícil. Por quê? Bem, porque por definição a dor é sentida como um problema, não uma oportunidade.

Fazemos tudo que podemos para evitar a dor. Quando não conseguimos, tentamos nos livrar dela o mais depressa possível, muitas vezes recorrendo à negação. Seu relacionamento acabou? Não fique se remoendo. Levante a cabeça. Está se sentindo esgotada no trabalho? Vai passar! É só aguentar firme. Está de luto porque algum parente morreu? Seja forte. Você não pode se deixar abater por isso. Bola para a frente.

Só que a dor também é um sinal, um alerta. A dor ajuda você a evitar o perigo, como quando uma criança se queima ao tocar um forno quente. É uma dor que protege. Ela força você a escutar seu corpo durante um treino na academia, para evitar lesões. Então tentar suprimir a dor é não apenas inútil como contraproducente. A dor é uma parte intrínseca da vida e, em vez de negá-la ou combatê-la, o melhor que podemos fazer é investigar se podemos tirar vantagem dela.

A dor também pode trazer entendimento, nos ajudar a tomar decisões melhores e nos conduzir à transformação pessoal.

Pesquisas do psicólogo Gijs Jansen revelaram que pessoas que tinham enfrentado muitos infortúnios na vida geralmente relatavam mais felicidade do que as que tinham se frustrado menos. "A investigação revelou que pessoas com muitos problemas eram mais preparadas para seguir em frente", explica Jansen.

Pessoas que não tinham passado por muitas frustrações jogavam a toalha bem mais depressa. As que tinham vivenciado fracassos recuperavam a esperança e o controle sobre a própria vida; é uma questão de "otimismo aprendido". Pessoas experientes em lidar com a adversidade sem dúvida já fizeram isso antes com sucesso.[4]

Às vezes a dor parece não ter nenhuma serventia maior. A perda de um parceiro de vida ou de um filho talvez seja o exemplo mais doloroso disso. O que poderia haver de bom, de útil ou de "transformador" em fatalidades assim? Elas são simplesmente devastadoras. Mais uma vez, a aceitação ajuda: aceite que esses acontecimentos são mesmo devastadores e ponto. Essa dor também é parte inevitável da vida.

## 5. As pessoas nem sempre são amorosas e leais

Essa talvez seja a verdade mais difícil de aceitar. Há sempre um risco de as pessoas serem desleais conosco. De dizerem uma coisa e fazerem outra. Dependendo da pessoa, isso não nos surpreende, mas se for alguém muito próximo e querido? E se no enterro do seu marido uma mulher desconhecida aparecer de lenço na mão, fungando meio escondida atrás de uma árvore? O exemplo pode parecer forçado, mas essas coisas acontecem. E se acontecerem com você?

\* \* \*

Gastamos uma quantidade imensa de energia tentando mudar essas cinco grandes coisas imutáveis.

*"Meu marido ronca."*

Beleza, então use tampões de ouvido. Vá dormir em outro quarto. Ronque também. Fique feliz, em vez de brava, porque enquanto ele estiver roncando está respirando.

*"Meu pai nunca me elogiava."*

Isso é péssimo mesmo. E doloroso. Mas ficou no passado. Você chegou até aqui na vida muito bem, obrigado. E agora é um homem de 63 anos.

*"Meus funcionários não me respeitam."*

E você ainda tem funcionários? Com esse tipo de atitude? Incrível! Como conseguiu esse feito?

*"As pessoas falam muito alto ao celular."*

Bem, pelo menos você não precisa ouvir o outro lado da conversa.

*"Estou ficando velha."*

E quem não está?

Reclamar das coisas que você não pode mudar é compreensível, mas em pouco tempo vira lamúria. A aceitação, por outro lado, traz paz de espírito.

Mas atenção (existe um enorme mal-entendido quanto a isto): aceitar a realidade não é a mesma coisa que se conformar com ela. A aceitação às vezes pode conduzir a um tipo de mudança diferente daquele que você estava buscando. Imagine que você tenha um companheiro que bebe demais. Já tentou de tudo para levá-lo a parar de beber. Por fim, você percebe que precisa simplesmente aceitar a realidade: "Ele tem um problema com a bebida e talvez nunca vá parar de beber." Nesse ponto você tem duas alternativas: ficar com ele e aceitar a dor que acompanha esse fato ou decidir fazer as malas e acabar tudo.*

A ironia é que a esperança de que as coisas mudem muitas vezes impede a mudança, enquanto a aceitação da imutabilidade pode abrir novos caminhos.

---

\* É claro que não estou dizendo que aceitar o fato de ele beber deva automaticamente levar você a abandoná-lo. Você também pode aceitar a dor de continuar tentando. Existem muitas formas de aceitação.

Este é o momento em que espero que a sua ficha caia. Um dos principais conceitos deste livro é que muitas vezes é nossa esperança de mudar (nossas boas intenções e "soluções" bem-intencionadas) que faz com que nossos problemas persistam ou, como veremos, piorem ainda mais. Muitas vezes os problemas só desaparecem quando paramos de tentar resolvê-los. A aceitação é a base do flip thinking.

O desafio é aprender a diferenciar aquilo que podemos influenciar daquilo que não podemos. O teólogo americano Reinhold Niebuhr sabiamente escreveu aquilo que conhecemos como "Oração da serenidade": "Deus, dai-me serenidade para aceitar o que não posso mudar, coragem para mudar o que posso e sabedoria para saber a diferença." É um conceito novo? Nem um pouco. O filósofo estoico Epiteto deu essencialmente o mesmo conselho, de modo menos poético, no século I d.C.: "Felicidade e liberdade começam com uma compreensão clara do seguinte princípio: há coisas que podemos controlar e outras que não podemos. Somente depois de enfrentar essa regra fundamental e aprender a distinguir o que se pode controlar do que não se pode é que a tranquilidade interior e a eficiência exterior se tornam possíveis." Somente quando paramos de nos agarrar compulsivamente ao que "deveria ser" e olhamos o que de fato existe é que podemos nos abrir para o que poderia vir a ser.

Do problema ao fato, do fato à oportunidade. Do sim-mas ao sim, do sim ao sim-e.

Byron Katie é uma notável mulher que um belo dia teve uma epifania: vivia constantemente resistindo à realidade e viu quanta energia isso tinha lhe custado e como a tinha deixado infeliz. Depois de entender isso, ela escreveu uma série de livros de grande sucesso sobre autoconhecimento, que influenciaram positivamente a vida de milhares de pessoas. Ela resumiu o hábito de resistir à realidade da seguinte maneira:

As pessoas muitas vezes se referiam a mim como a mulher que fazia amizade com o vento. Barstow é uma cidade desértica onde com frequência venta muito, e todo mundo detestava isso; as pessoas inclusive se mudavam de lá por não aguentarem a ventania. O motivo pelo qual fiz amizade com o vento – com a realidade – foi que eu descobri que não tinha escolha. Dei-me conta de que era uma in-

sanidade ir contra isso. Quando brigo com a realidade, eu perco –
em 100% das vezes. Como sei que o vento deveria mesmo soprar?
Porque ele está soprando![5]

Por último, um bônus.

Não se pode mudar a realidade. O que se *pode* mudar é o que se faz com
ela. Como diz o ditado: "O importante não são as cartas que você tira, mas
como você joga sua mão." Uma de minhas histórias preferidas para ilustrar
esse ponto é a de um homem que entrou para o crime ainda adolescente.
Ele foi do roubo ao tráfico de drogas, em seguida ao assalto à mão armada,
e começou a passar mais tempo na prisão do que fora. Esse homem tinha
dois filhos que, apesar de terem sido criados pelos mesmos pais, eram tão
diferentes quanto o dia e a noite. Um dos filhos era a cópia do pai: levava uma vida de crime, foi condenado várias vezes e passava muito tempo
preso. O outro levava uma vida totalmente diferente: casou-se, teve filhos,
tinha um emprego respeitável e quase maçante, e não tinha ficha na polícia.
Pesquisadores interessados no debate entre natureza e cultura, sobre quanto do nosso comportamento é influenciado por nossos genes ou por nossa
criação, perguntaram aos dois filhos separadamente: "Como você explica-
ria a vida que leva?" Ao que ambos responderam, também separadamente:
"O que você esperava, com um pai como o meu?"

# Observação

## Os limites da nossa percepção

*Onde o julgamento começa, a observação termina.*

Nos anos 1970, num seminário na Universidade de Princeton, dois psicólogos sociais, John Darley e Daniel Batson, conduziram um experimento ao mesmo tempo divertido e comovente. Um grupo de alunos foi chamado para dar uma palestra sobre a história bíblica do Bom Samaritano. Se você não conhece a história (me espantaria se não conhecesse), ela fala de um bondoso samaritano, membro de um grupo etnorreligioso do Oriente Médio, que ajuda um homem que levou uma surra e foi abandonado na beira da estrada como se estivesse morto. Os alunos precisavam caminhar até uma sala de conferências em outro prédio para dar a palestra; o que não sabiam era que, no caminho, teriam que passar por uma pessoa caída no chão fingindo gemer e grunhir, aparentemente sentindo muita dor. Os alunos agiram como bons samaritanos? A maioria não. Somente 40% deles pararam para perguntar se estava tudo bem. Os outros 60% passaram correndo, e alguns, de tão concentrados que estavam em chegar à palestra, chegaram a pular por cima do sujeito necessitado.[1]

Aceitar a realidade é uma virtude. Mas será que vemos a realidade como ela é? Por exemplo, um agricultor e um cientista estão sentados dentro de um carro. O agricultor olha para fora e diz:

– Veja, as ovelhas foram tosadas!

– Você tem certeza de que foram tosadas completamente? – pergunta o cientista.

– Tenho – responde o agricultor –, é só olhar!

Então o cientista diz:

– Eu não me atreveria a ser tão confiante em relação a isso. Diria que o lado que estamos vendo foi tosado; resta ainda saber se o outro lado também foi.

Para praticar o flip thinking, precisamos desconstruir os problemas e transformá-los em fatos, mas observar os fatos pode ser mais difícil do que pensamos. Muitas vezes não absorvemos o que nossos olhos observam. Vemos, isto, sim, o que *pensamos* estar vendo. Façamos um pequeno teste para investigar isso. Um funcionário estava limpando as vidraças do 61º andar de um arranha-céu no coração de Nova York. Durante o trabalho, ele caiu. Não estava usando um equipamento de segurança e não havia nada para amortecer sua queda. Apesar disso, ele não se feriu. Como é possível? Pense um pouco; darei a resposta adiante...

É essencial saber o que você quer da vida, em que direção está indo. Mas saber onde está às vezes é mais importante ainda. Ser capaz de observar a realidade, os fatos do aqui e agora, é vital. Um grupo de gerentes de uma empresa de TI com quem trabalhei aprendeu isso de maneira inusitada enquanto fazia um curso de sobrevivência na região belga das Ardenas. Eles receberam um mapa detalhado da região, foram levados até o meio da floresta num carro com as janelas cobertas e avisados de que teriam que encontrar sozinhos o caminho de volta. Eles mal podiam esperar: com um clima sensacional, uma ótima equipe e provisões de sobra, o exercício seria um prazer. Mas assim que eles saíram do carro a empolgação se transformou em incerteza. Por quê? Eles não sabiam para onde tinham que ir? Não, o problema não era esse, já que eles tinham um mapa. O problema era que eles não sabiam onde estavam.

Ver a realidade como ela é, conhecer os fatos, é um pré-requisito absoluto para transformar o pensamento. Mas observar a realidade é mais fácil na teoria do que na prática. Isso vale não só para pessoas mas também para todos os outros tipos de organismo. Se você puser um sapo num recipiente com moscas vivas, ele vai ficar bem porque terá alimento. Mas se você puser moscas mortas, ele não vai comê-las e vai acabar morrendo. Sapos percebem movimento, não objetos estáticos.

De certa forma, o mesmo vale para as pessoas; nossos poderes de observação são limitados. Pense nos nossos sentidos. Só conseguimos captar sons numa frequência entre 20 e 20.000 hertz. Qualquer coisa fora dessa faixa simplesmente não é ouvida por nós. Do mesmo modo, em relação à luz, só podemos enxergar uma quantidade limitada de comprimentos de onda. Não conseguimos ver os comprimentos mais curtos de luz ultravioleta que as abelhas, por exemplo, conseguem, e, quanto aos comprimentos maiores, nossa visão para na parte infravermelha do espectro. As cobras ainda podem ver relativamente bem nesse intervalo, mas à medida que as ondas continuam a aumentar de tamanho elas também perdem a visão.

Nossa percepção ainda é influenciada por aquilo que não sabemos. Em seu livro,[2] Jaap Schaveling, Bill Bryan e Michael Goodman descrevem pesquisas conduzidas no início do século passado. Numa delas, a equipe pediu a um homem de uma pequena cidade do interior que passasse uma manhã andando por Nova York. À tarde, os pesquisadores se encontraram com ele para conversar sobre o que tinha observado. Ele lhes disse que tinha ido ao porto e ficado impressionado com alguém que "conseguia carregar três pencas de bananas" (não os pequenos cachos que compramos no mercado, mas as imensas pencas que vemos penduradas no pé). No povoado dele, a maioria das pessoas só conseguia carregar uma penca, e as realmente fortes às vezes conseguiam carregar duas, mas três... isso ele nunca tinha visto. Ao investigar mais a fundo, a equipe descobriu que os carregadores do porto usavam carrinhos de mão. Eles imaginaram que, como não estava familiarizado com esses carrinhos, o homem não tinha reparado neles.

Outra forma que nosso cérebro tem de limitar nossas observações é a visão de túnel. Quando estamos concentrados em alguma coisa, não observamos outras. Os gatos também são assim. O jeito mais fácil de se aproximar de um gato é quando ele está profundamente concentrado, prestes a dar o bote num camundongo. Esse efeito foi muito bem ilustrado num famoso estudo conduzido na Universidade Harvard.[3] Os participantes deveriam assistir a um vídeo no qual duas equipes de três pessoas passavam bolas de basquete uma para a outra, um time usando camisetas brancas, e o outro, camisetas pretas. Pediu-se aos participantes que contassem quantas vezes a bola fora passada pelo ar e quantas vezes fora passada pelo chão. Na metade do filme, um ator vestido de gorila se metia tranquilamente no meio dos times, fazia uma pirueta elegante e ia embora. Depois de assistir ao vídeo, os participantes deveriam responder se tinham reparado em algo fora do normal. A maioria respondeu: "Não, nada." Mesmo quando lhes perguntaram: "Você viu um gorila preto?", cerca de 50% deles responderam não. Quando o vídeo foi exibido uma segunda vez, quase não acreditaram que se tratava do mesmo filme.

Nós inconscientemente reduzimos nossa atenção no dia a dia também. Coloque pais de um bebê recém-nascido num quarto de hotel ao lado de uma estação de trem barulhenta e depois de pouco tempo eles não terão qualquer dificuldade para dormir. Mas se o bebê der um pio sequer, apesar de todo o barulho, eles na mesma hora vão acordar.

Certa vez fui a um mercado de pulgas em Utreque atrás de um cubo mágico, perguntando a mim mesmo se alguém ainda os vendia. Para meu total espanto, cada barraca parecia estar vendendo um. Era como se o país inteiro estivesse tentando se livrar dos seus cubos de Rubik naquela manhã. Mas se eu não estivesse atrás de um, provavelmente nem sequer teria "visto" algum deles.

O cérebro tende a se concentrar em informações relevantes e, consequentemente, a deixar de fora informações irrelevantes ou conflituosas. Ter consciência disso é extremamente importante para o flip thinking. Quanto mais estreito nosso foco, menos atenção prestaremos em possibilidades e oportunidades.

A lista de "observações descuidadas" é interminável, e suas consequências costumam ser problemáticas. Em seu livro *Waarom ik altijd gelijk heb* (Por que tenho sempre razão), Eric Rassin, especialista em psicologia jurídica, descreve que a tendência das pessoas de verem apenas o que pensam estar ali explica vários erros importantes cometidos em investigações criminais. Uma vez que chegam a uma teoria para um crime, os investigadores prestam menos atenção em fatos que contradizem essa teoria.

Vejamos na prática como a visão de túnel funciona. Suponhamos que um pesquisador lhe apresente um conjunto de três números: 2, 4 e 6. Você recebe as seguintes instruções: "Esses três números seguem uma regra, um padrão. Sua tarefa é identificar essa regra. Você pode me dizer quantos conjuntos de três números quiser. A cada vez eu lhe direi se os números estão certos ou não, até você descobrir qual é a regra."

Pense um pouco. Que conjunto de números você diria ao pesquisador?

Esse pequeno teste foi usado num experimento clássico conduzido por Peter Watson, da Universidade de Londres. Watson descobriu que a maioria dos alunos supunha que a regra fosse *n, n+2, n+4,* ou *some 2 ao número anterior.* Quando eles testavam essa teoria, dizendo, por exemplo, o conjunto 3-5-7, ou 10-12-14, Watson respondia: "Correto." A pressuposição dos alunos se confirmava e eles respondiam que a regra era *somar 2 a cada vez.* Ao que Watson respondia: "Errado." Havia outra regra em ação. Os alunos então desenvolviam uma teoria nova e propunham a Watson uma nova regra. Por exemplo: "O número do meio está exatamente a meio caminho dos outros dois." Se testassem isso com conjuntos de números como 13-16-19, ou 10-15-20, mais uma vez pareceria correto. O que acontecia então? As fórmulas dos alunos iam ficando cada vez mais complexas. O que estava acontecendo? A fórmula na verdade era muito simples: todo segundo número era maior que o primeiro, e todo terceiro era maior que o segundo. Portanto, a sequência 1-2-1.412 também seria considerada "correta". Só que os estudantes raramente tentavam conjuntos tão "ilógicos" de números. Se o tivessem feito, teriam descoberto a resposta bem mais depressa. Então por que não seguiram esse caminho? Porque sua pressuposição em relação ao que a regra *deveria* ser os impedia de ver o que ela *poderia* ser.[4]

Uma garrafa está caída de lado, com várias abelhas dentro. Uma luz acesa pende acima da garrafa. Não há tampa na garrafa; ela está aberta. O que as abelhas farão para sair da garrafa? Abelhas entendem que onde há luz deve haver uma saída, portanto voam na direção da luz refletida no vidro e continuam a fazer isso até acabarem caídas no fundo da garrafa, exaustas. As moscas, por sua vez, não têm o conhecimento de que a luz indica uma saída. Se você as puser dentro da mesma garrafa, elas vão ficar voando, enlouquecidas. O resultado? Vão encontrar a saída (em algum momento).

O que vale para as abelhas vale também para nós. Ter informações pode ser um empecilho para o pensamento criativo. Quanto mais pensamos saber sobre como solucionar um problema, maior o risco de empacarmos. Considere o mistério que apresentei no início do capítulo, no qual o funcionário está lavando as vidraças do 61º andar, cai, mas mesmo assim não se machuca. Qual é a explicação?

Ele está limpando as janelas por dentro.

Usamos informações de nossas experiências para elaborar teorias que podem nos deixar cegos para a realidade de situações novas. E muitas vezes nos agarramos a essas teorias em vez de abrirmos a mente para pedacinhos e fragmentos valiosos de informação que não se encaixam perfeitamente nelas. Apreciamos em excesso as grandes hipóteses e os argumentos lógicos, que parecem oferecer explicações claras. Mas mesmo a mais lógica das teorias pode não estar correta. Os fatos de qualquer situação costumam ser fontes mais confiáveis de explicação do que qualquer teoria. Um exemplo: um comitê de educação neerlandês foi visitar uma escola experimental no Canadá que utilizava os princípios do aprendizado natural, estabelecido pela primeira vez em 1968 quando a Sudbury Valley School foi fundada nos Estados Unidos. Sua filosofia central era que os professores deveriam seguir a curiosidade e o desenvolvimento natural das crianças. Todo mundo na escola – professores, alunos e funcionários – era responsável pelas próprias escolhas, pelo próprio aprendizado e pelo próprio futuro, e todos eram tratados como cidadãos equivalentes. A escola canadense adotava esses princípios. A abordagem funcionava às mil maravilhas: a escola tinha alunos motivados, professores comprometidos e pais satisfeitos. Só que um dos educadores neerlandeses que visitaram a escola não ficou feliz. Mais que isso: achou a visita deprimente. Um colega professor na mesma viagem lhe perguntou por quê, e ele respondeu: "Essa escola é um experimento bacana, mas não entendo por que todo mundo parece tão satisfeito. Não é possível que seja *tão* bom assim. Não existe uma única teoria educacional que sustente o que estamos vendo aqui."

A que teorias você está se agarrando? E de quantas provas dispõe para sustentar isso? Vamos examinar um conjunto de pressuposições comuns que muitos, em vez disso, consideram fatos:

*"É preciso cumprir o que se prometeu."*

Soa lógico, mas será que sempre deveria ser assim? Mesmo que você tenha prometido algo idiota? Ou feito uma promessa que não consegue cumprir? Ou tenha mudado de ideia? E se os outros estiverem tirando vantagem de você por causa de uma promessa?

*"Quem quiser ter uma carreira bem-sucedida e contribuir para a sociedade precisa ter um diploma de nível superior."*

Ah, é? Não existem carreiras que não exigem diploma? Você sequer precisa de uma *carreira*? O que é exatamente uma carreira, aliás? Ser cabeleireiro não é ter uma carreira e contribuir para a sociedade? Ou ser pedreiro? E ser mãe?

*"É melhor para os casais terem relacionamentos monogâmicos."*

Interessante. É mesmo? Sempre, para todo mundo? Como explicar o fato de um em cada três casamentos não dar certo? Se é possível amar mais de uma pessoa durante a vida, por que não ao mesmo tempo? Afinal, você consegue amar sua mãe *e* seu pai, não é mesmo?

*"O importante na vida é significar algo para os outros."*

Hum. Então estamos aqui, por definição, para os outros? Isso é essencial ou opcional? Quando exatamente você "significa" alguma coisa? Isso sempre está claro?

*"É preciso aproveitar ao máximo os próprios talentos."*

Todos os talentos? Quem disse? Por quê? Com qual objetivo? E se você não tiver tantos talentos assim?

*"Casamento entre primos é uma irresponsabilidade."*

Ah, é? Por quê? Por causa do risco de gerar filhos com deficiências genéticas? E se eles usarem métodos contraceptivos de maneira responsável? Ainda existe um motivo que impeça isso? Levando a suposição um passo além: e se eles se apaixonarem já mais velhos e os filhos não forem mais uma possibilidade? Continua sendo errado?

Pode ser que você fique irritado com essas perguntas. Posso entender isso. Mas não estou sendo provocador sem motivo. Quero ver se você está preparado para examinar filosoficamente as próprias pressuposições sobre a realidade ou se é como o educador que acredita que a realidade deve vir em segundo plano em relação à teoria.

Dei esses exemplos não para forçá-lo a mudar de opinião, mas para desafiá-lo a abrir sua mente. A escancarar as janelas e deixar um vento fresco e primaveril soprar na sua cabeça. O flip thinking começa com uma mente aberta. Com curiosidade. Pensando em novas possibilidades. Nada é obrigatório; tudo é permitido. Se você decidir que algo é obrigatório, tudo bem, eu mesmo faço isso, como todo mundo. Todos temos nossos valores e princípios. Seria não só ingênuo, mas também impossível viver sem eles. Valores e princípios influenciam nosso comportamento. Mas é você quem decide o que é obrigatório e o que não é. Ninguém mais. Enquanto você estiver vendo o mundo pela lente de teorias firmemente arraigadas, jamais será capaz de ver os fatos como realmente são, muito menos lidar com os problemas de um jeito novo.

Pesquisas em psicologia já revelaram muitas outras maneiras de termos percepções parciais. Existe, por exemplo, o efeito halo: a tendência a atribuir qualidades positivas suplementares a pessoas que já possuem determinadas qualidades "positivas". Pensamos que gente bonita será também inteligente (mesmo sem termos visto qualquer sinal de inteligência). Isso pode explicar em parte por que somos inclinados a oferecer emprego a pessoas bonitas com mais facilidade do que a pessoas menos atraentes. É triste, mas é assim que funciona. As pessoas menos deslumbrantes estão em real desvantagem.

Considere também o efeito primário: a tendência a atribuir bem mais importância à primeira informação que recebemos do que às informações subsequentes. Vejo isso no meu nome, Berthold Gunster. Muitas pessoas pronunciam meu sobrenome como se fosse alemão e tivesse um trema, como Günther (uma sonoridade mais parecida com "ue"). Por quê? É por causa do meu primeiro nome, Berthold. Como ele soa alemão, as pessoas partem do princípio de que eu sou alemão. Como eu sei que é por esse motivo que isso acontece? Porque meu filho mais velho, Jan, nunca teve esse problema. Como "Jan" é um nome neerlandês comum, as pessoas pronunciam "Gunster" à moda neerlandesa, sem o trema.

É importante levar em conta o efeito primário em se tratando de nossas opiniões, porque em geral as formamos depressa. Contrainformações que possamos receber posteriormente não costumam ser consideradas de maneira adequada. Por isso é importante, para cada opinião formada, você examinar o modo como chegou a essa conclusão. Também é bom perguntar a si mesmo: "O contrário também seria verdade?" E nunca esqueça a diferença entre um fato e uma opinião. Os ricos podem ser pessoas solidárias? Pais e mães podem ser egoístas? Um criminoso condenado pode ter tido boas intenções? A luz poderia ser sombra e a sombra poderia ser luz?

Outro ponto fraco do nosso pensamento é o "efeito contraste". Se você for bastante inteligente mas fizer parte de um grupo formado exclusivamente por pessoas muito inteligentes, elas vão considerá-lo de inteligência mediana (ou abaixo da média). Por outro lado, se você fizer parte de um grupo de pensadores medianos, poderá ser visto como o Einstein da turma. Como diz o ditado, em terra de cego quem tem um olho é rei.

Uma última distorção cognitiva que contamina nosso pensamento é o "efeito semelhança": inconscientemente temos afinidade com pessoas que achamos mais parecidas conosco. Em contrapartida, desconfiamos mais de pessoas menos parecidas com a gente. E há também o "efeito de maior exposição": quanto mais vemos algo, mais familiar isso nos parece, e, portanto, mais à vontade nos sentimos. Isso explica o poder dos anúncios repetidos constantemente: quanto mais somos expostos à propaganda de uma marca, mais positiva é nossa relação com ela.

Esses exemplos de parcialidades cognitivas e modos imperfeitos de pensar não são os únicos. Psicólogos já descobriram muitos outros. Citei um ou outro para enfatizar quão complexo é ver os fatos como eles realmente são e tirar conclusões que não sejam uma representação equivocada da realidade. Se quiser praticar o flip thinking, você precisa aprender a ter muita cautela antes de concluir que conhece a verdade de uma situação. É mais comum entendermos as coisas equivocadamente do que da maneira correta.

O psicólogo Daniel Kahneman realizou extensas pesquisas sobre as falhas do pensamento humano e revelou graves injustiças às quais elas podem conduzir. Se existe um grupo de pessoas de quem se esperaria a capacidade de avaliar os fatos com precisão, esse grupo é o dos juízes. O que Kahneman descobriu? Que os réus que recebiam a sentença logo depois de os juízes terem comido tinham uma chance significativamente maior de serem inocentados do que os outros.[5] Com certeza o destino de uma pessoa não deveria depender de um juiz estar ou não de barriga cheia.

Mas o que isso tudo tem a ver com a mudança de perspectiva de pensamento que estamos discutindo?

Em primeiro lugar, precisamos exercitar constantemente uma dose saudável de cautela em relação a teorias e observações, além de buscar intensamente os fatos. Como disse Goethe: "O mais difícil é ver o que está diante dos olhos."

Em segundo lugar, precisamos entender que nosso cérebro quer construir um quadro completo. Nossa mente não gosta de informação fragmentada; ela quer que os pedaços se encaixem para formar uma história clara. Em seu livro *The Path of Least Resistance* (O caminho de menor resistência), Robert Fritz alerta: "Não preencha as lacunas." A capacidade de levar em conta informações incompletas e muitas vezes em aparente contradição sem encaixá-las numa compreensão clara e reconfortante – aceitar aquilo que não se sabe – é uma habilidade básica do flip thinking.

Em terceiro lugar, devemos aceitar que todos nós sempre teremos pontos cegos. Não vemos uma versão integral da realidade. Vemos principalmente aquilo que estamos predispostos a ver ou aquilo que queremos ver. Somos como pessoas vendadas que tentam identificar um elefante. A pessoa que toca a perna do animal diz "É uma árvore"; a que toca o rabo diz "É um espanador"; e a que toca a tromba grita: "É um aspirador de pó!" Antes de pressupor conhecer todos os fatos, dê sempre uma boa olhada em volta para verificar se não há mais nenhum "fragmento" disponível que possa ajudá-lo a ver a situação de outra forma. Saia da própria cabeça e desafie a si mesmo a observar adequadamente. Quanto mais da realidade você conseguir ver, mais oportunidades encontrará.

# Problemas

## Sobre a problematização

*Na realidade não existem problemas, apenas fatos.*

Cabe agora um pequeno desvio filosófico para analisarmos a palavra "problema". Como o flip thinking sempre começa com ele, é bom compreendermos bem nossa matéria-prima. De que exatamente estamos falando quando nos referimos a "problema"?

"Problema" sugere algo perturbador, assustador ou irritante, como um urso dentro da nossa casa. Sem urso, sem problema. Ou então o problema pode ser a chuva, ou uma criança reclamona, ou aquele quarto de hotel decepcionante com vista para a área interna, não para uma linda paisagem. Só que a realidade é mais complexa que isso. Um problema nunca é apenas *uma* coisa; por definição, ele consiste em duas coisas: (1) uma ideia ou um desejo de como a realidade deveria ser e (2) uma percepção da realidade que está em conflito com essa ideia ou desejo. O problema parece ser o urso, mas na realidade é a tensão entre (1) a presença do urso e (2) nosso desejo de permanecermos vivos.

Pode ser que soe absurdo o que vou dizer, e reconheço que talvez seja certo exagero, mas vamos lá. Hipoteticamente, imagine que seu objetivo seja fazer um documentário em que você é devorado por um urso (uau!). Nesse caso, é claro que o urso não seria um problema. Se a presença dele será ou não um problema vai depender da sua intenção. O urso nada mais é do que um fato. Da mesma forma, o tempo chuvoso, a criança birrenta ou o quarto sem vista não são problemas em si. A maneira como definimos nossas expectativas determina se vamos experimentar determinados fatos como parte de um problema... ou não. A conclusão lógica disso tudo só pode ser que não é possível haver problemas no mundo que nos cerca. As coisas são o que são: desprovidas de significado, até lhes atribuirmos um. A realidade consiste apenas em dados que interpretamos.

Entendo que, num contexto normal, um urso imenso na sala de casa seria extremamente problemático. Mas mudemos a perspectiva. Imagine que você é o urso e está com fome.

Sei que esse exemplo é improvável, então consideremos uma experiência real que eu tive. Quando meu filho mais velho tinha 11 anos, toda vez que eu ia tomar banho via que o chuveiro de altura regulável tinha sido abaixado. Eu já tinha notado que era ele quem usava o chuveiro antes de mim. Certa manhã conversei com ele sobre o problema e pedi, irritado, que ele recolocasse o chuveiro onde estava antes. Ele escutou com toda a atenção e respondeu:

– Beleza, coloco, sim. Mas posso falar uma coisa que me irrita todo dia?

– Claro, fale.

– Todo dia de manhã, quando vou tomar banho, o chuveiro está alto demais. Será que daqui para a frente o senhor poderia, por favor, colocar o chuveiro de volta na altura em que estava?

O que é um problema para uma pessoa pode ser o ideal para a outra, e vice-versa. Isso deixa claro que objetivamente não existem problemas, apenas fatos, e que podemos interpretar fatos como problemas (porque eles nos prejudicam), como fatos (porque somos neutros em relação a eles e "as coisas são assim mesmo"), ou como oportunidades (porque vemos neles um potencial positivo).

Em se tratando de problemas, a questão na verdade é bem simples. Existem apenas dois tipos: quando falta algo que achamos que deveria estar aqui ou quando há algo aqui que achamos que não deveria estar. E é isso.

Poucos anos atrás, organizei um programa de treinamento na Europa Oriental. Apresentei essa mesma reflexão a uma sala cheia de professores universitários, empreendedores e estudantes:

– Na realidade existem apenas fatos. Por maior ou mais complexo que seja o problema – falei –, sempre podemos desconstruí-lo até uma combinação de fatos e desejos.

Uma mulher se levantou e me interrompeu num inglês perfeito:

– É fácil para o senhor dizer que "problemas não existem". Talvez isso seja verdade no seu país, mas aqui é só sair do prédio que o que mais se vê é problema. Tenho um casal de amigos mais velhos que moram no 11º andar de um edifício. O encanamento está quebrado e o elevador só vai até o quinto andar. Se eles precisam de água, primeiro têm que descer com dois baldes até o quinto, depois descer de elevador até o térreo e pegar a água. Aí eles sobem com os baldes de elevador até o quinto andar, e depois disso ainda precisam carregá-los pela escada até o 11º. Com certeza o problema da água é um fato, não? E o elevador que não funciona? Como o senhor pode dizer que não existem problemas?

Pensei: *Ok, a discussão vai ser interessante.* Prossegui com cautela:

– Vejamos primeiro a declaração de que o encanamento quebrado é um problema para essas pessoas. O que os bombeiros hidráulicos pensariam a respeito? Para eles, encanamentos quebrados significam serviço. Levemos a coisa ainda mais além. Existem problemas parecidos com esse no lado ocidental também. Bem menores, eu sei, incomparavelmente menores. Mas a estrutura de um problema é basicamente a mesma. Por exemplo, estou sentado tranquilamente assistindo à Copa do Mundo na minha TV, a Holanda está jogando e faltam dez minutos para o jogo acabar. De repente sinto uma sede indescritível. Então preciso me levantar, ir até a cozinha, encher um copo d'água e voltar para a sala. E é claro que acabei de perder um gol!

Senti um incômodo crescente na minha plateia. Aonde eu queria chegar com aquela história?

– Estou exagerando, claro, para reforçar meu argumento – continuei –, mas essencialmente as mesmas regras se aplicam na Polônia ou nos Países Baixos: primeiro você quer beber água, depois tem o problema de como conseguir essa água. Esse problema para nós é bem pequeno e para vocês obviamente é muito maior, e eu respeito esse fato, mas num nível estrutural as mesmas leis se aplicam: o desejo é a origem do problema. Não é o encanamento. O encanamento é só um fato.

– Mas como assim, *quer* beber água? – retrucou ela. – Essas pessoas precisam beber água, não? Não se trata de uma questão de livre escolha.

– Quem disse que elas precisam beber? – perguntei.

– Sem água a pessoa morre.

– E daí, o que há de errado nisso? – indaguei.

Fez-se uma pausa momentânea. A mulher então falou:

– Mas é preciso viver!

– É preciso viver? – perguntei. – É mesmo? Quem disse? Por quê? Existe uma espécie de necessidade de você passar a vida aqui? É um tipo de dever?

Outra pausa.

– Não – respondeu ela. – Mas o senhor com certeza quer viver, não quer?!

– Sim, e é aí que a encrenca toda começa. Nós queremos viver! Temos ambições, planos, desejos. Às vezes eles dão certo, ótimo; outras vezes não, e temos um problema. Você está andando de bicicleta e de repente seu pneu fura. Que chato. Problema. Existe um jeito muito eficiente de não passar por esse problema: é só não querer pedalar. Ou então, indo mais longe: quem dera a bicicleta nem sequer tivesse sido inventada. Nesse caso nunca haveria um pneu furado. Na vida existe uma tensão constante entre nossos desejos e a realidade. Isso significa que vamos passar por problemas o tempo todo. É assim que funciona e ponto. Você é jovem, está apaixonado, tem muita vontade de iniciar um relacionamento e isso acontece. Uhu! Mas antes de você se dar conta já está tendo todo tipo de problema amoroso. Existe um jeito simples de garantir que você jamais precise lidar com desilusões amorosas: nunca iniciar um relacionamento. Existem duas leis muito simples: se você quiser ter o mínimo de problemas possível, precisa desejar o mínimo possível, e se desejar muito, consequentemente passará por muitos problemas. Enquanto quisermos viver vamos querer coisas, e enquanto quisermos coisas criaremos problemas. Tudo bem. O desejo é parte inseparável da vida, da condição humana. Mas é, *sim*, importante entender que nossos desejos e necessidades nos levam a vivenciar determinados fatos como problemas. Um elevador é um elevador. Um cano é um cano. Nenhuma dessas coisas significa nada. É só quando interagimos com essas coisas, quando temos desejos e necessidades, que imprimimos significado ao mundo à nossa volta. O desejo está na origem de todo problema.

Algumas pessoas acham que ao dizer isso estou querendo dizer que podemos – ou mesmo devemos – ter uma experiência livre de problemas. Quem dera fôssemos suficientemente desapegados. Quem dera não desejássemos nada. É claro que não é assim que a vida funciona; temos desejos e expectativas o tempo inteiro. Você pode escapar, viajar pelo mundo e meditar no alto de um rochedo, tentando se manter inteiramente distanciado das preocupações mundanas e não desejar nada. Pode ser que você alcance a experiência espiritual de estar inteiramente no aqui e agora, e inteiramente livre de problemas. Mas assim que você precisar beber alguma coisa, ou ir ao banheiro, o tormento irá recomeçar. E o esforço já deu totalmente errado se você sentir que *precisa* ter a experiência espiritual de se sentar no alto de um rochedo sem nada com que se preocupar. Se você se sentar ali por sentir que precisa ter a experiência, estará se sentando com uma expectativa. E isso atrapalha a realização dessa expectativa. Você vai passar o tempo inteiro avaliando se está se sentindo despreocupado ou não.

Pois é, é complicado.

Não estou ridicularizando quem busca a iluminação. O que estou querendo dizer é que os desejos são parte essencial da condição humana. Assim como uma árvore "quer" crescer, uma criança quer dançar na chuva, um jovem quer se apaixonar e um adulto quer ter uma parceria para a vida inteira, filhos ou sucesso profissional. Não há nada de errado nisso. Nós desejamos coisas. Desejos, necessidades e ambições nos tornam quem somos. São nossa fonte de vida, aquilo que nos leva a seguir em frente. Só que ter desejos envolve necessariamente o risco de um desejo não se realizar. Dor, tristeza, luto e decepção fazem parte da vida tanto quanto alegria, felicidade, êxtase ou prazer. Mas é extremamente importante entender que isso só é verdade por causa das nossas esperanças e expectativas. Essa compreensão contraria o modo como geralmente pensamos que a vida funciona. E é por isso que precisamos pensar de maneira diferente.

A vida muitas vezes não vai se encaixar em nossos desejos e expectativas. Quando estamos num engarrafamento, achamos que o problema é o trânsito; não é. O trânsito é só um fato. O problema surge quando temos a expectativa de não encontrar o trânsito engarrafado. Além do mais, essa perspectiva falha nos impede de entender que *nós* também fazemos parte do engarrafamento.

Se quisermos levar nossa vida de um jeito sim-e, precisamos abraçar essa mentalidade filosófica. A realidade à nossa volta contém somente fatos e, independentemente de onde tenhamos nascido, em que época e em que lar, sempre teremos experiências difíceis. Quando aceitarmos que a vida simplesmente não é justa, poderemos parar de nos concentrar "naquilo que não é mas deveria ser" e direcionar nossa atenção para "aquilo que é" ou "poderia ser". Ou, como disse Sartre: "Liberdade é o que você faz com o que fizeram com você." O que fizeram com você não pode ser mudado. O que você pode fazer com isso é o tema deste livro.

# E se tudo der certo?

## Nossa resistência à mudança

*Há quem prefira dizer "sim" e quem prefira dizer "não".
Quem diz "sim" é recompensado pelas aventuras
que vive. Quem diz "não" é recompensado
pela segurança que conquista.*

– Keith Johnstone, pioneiro do teatro de improviso

A empresa israelense Kapro vinha fabricando havia muitos anos as mesmas ferramentas de construção. Durante um workshop, a empresa quis ver se conseguiria ampliar seu leque. Uma das ferramentas que a Kapro fabricava era um nível, que permite determinar se uma superfície está plana. Esse objeto vem sendo fabricado basicamente no mesmo formato há centenas de anos: uma barra com um tubo no meio preenchido por um líquido; há uma pequena bolha dentro desse líquido, que se move de um lado para o outro conforme inclinamos o nível para a direita ou para a esquerda, e para exatamente no centro quando a ferramenta está nivelada.

Para criar uma nova versão, os participantes do workshop usaram a técnica da multiplicação, que é muito simples. Você deve separar as partes de um apetrecho, enfileirar tudo e refletir sobre como se poderia melhorar o que funciona em cada parte, multiplicando sua eficiência. O nível tinha apenas dois componentes: a barra e o tubo com o líquido. O que eles poderiam fazer? Multiplicar a quantidade de barras? Ou a quantidade de tubos? Em pouco tempo, para o assombro dos participantes, a tarefa conduziu à solução "óbvia" de acrescentar ao nível mais tubos em ângulos diferentes. Afinal, a construção tem sempre partes em ângulos, como telhados inclinados, por exemplo. Se um nível só funciona na horizontal, um construtor precisa compensar com pedras ou papéis para conseguir medir corretamente uma inclinação. Esse método não só é pouco prático como também impreciso. Um nível com tubos em ângulos diferentes permitiria verificar rapidamente a angulação correta. Como resultado dessa inovação, toda uma nova geração de níveis entrou em produção. As vendas triplicaram em quatro anos, e em pouco tempo explodiram as exportações para os Estados Unidos e a Europa. Um método simples conduziu a uma inovação que estava só esperando para ser inventada.[1]

A história da Kapro é interessante por vários motivos. Em primeiro lugar, é claro, porque a descoberta foi muito simples, mas absolutamente brilhante. Em segundo lugar, porque a descoberta levou a uma inovação que teve sucesso imediato, enquanto muitas levam algum tempo para achar um bom mercado. O terceiro motivo é o mais intrigante: é difícil acreditar que ninguém tenha pensado nessa mudança antes! Por que os pedreiros trabalharam tanto tempo com o nível clássico sem imaginar como ele poderia ser melhorado? Essa história demonstra que a maioria das pessoas é avessa à mudança. Em geral só queremos realizar uma mudança quando é necessário. Mudar dá medo. Parece perigoso. Se não houver alternativa, tudo bem, mudamos. E se tudo estiver correndo bem? Por que mudar? A maior ameaça ao ótimo, portanto, é o *bom*.

Digamos que eu lhe pergunte: "Você gosta de mudança?" Qual é a primeira coisa que lhe vem à mente? Para mim são outras perguntas: "Bem, o que vai mudar? Vou perder alguma coisa? Ou vou ganhar alguma coisa?" Até sabermos a que tipo de mudança estamos nos referindo, ficaremos ressabiados. Toda mudança envolve pelo menos alguma ansiedade. E se uma mudança acontece à nossa revelia e sem nossa autorização, ficamos ressentidos, ou com raiva, e resistimos. Vamos mudar quando quisermos, ora.

E as mudanças positivas, com potencial para grande sucesso, como um cargo importante numa nova empresa, por exemplo? Muitas vezes nos mostramos ambivalentes em relação a elas. Já aprendemos que o sucesso tem um preço. Considere o caso de se tornar muito rico. Milionários precisam ter sistemas de segurança poderosos em casa, pois correm um maior risco de assalto. Há também o grande estresse que o trabalho deles em geral envolve, como as horas intermináveis no escritório, as viagens...

Imagine que você ganhe 80 milhões na loteria. Nos primeiros dias, obviamente vai ficar eufórico. Mas o que vai acontecer uma vez lavadas as taças de champanhe e retirados os balões e serpentinas? O que você vai fazer com esse dinheiro todo? Investir? Investir como? Vai largar seu emprego? E se você gostar muito do que faz? Será que só gosta do que faz porque precisa do salário? Se largar o emprego, o que vai fazer com seu tempo? Pesquisas mostram que ganhar uma bolada na loteria traz tanto estresse e tanta dor de cabeça que no início a felicidade dos ganhadores diminui.[2]

Seja trabalhando ou ganhando na loteria, acumular uma fortuna é ótimo, mas junto desse sucesso vêm muitas mudanças, o que significa muitas incertezas. E é isso que desagrada à maioria de nós. Veja os meus conterrâneos, por exemplo: adoramos estabilidade. Os Países Baixos estão entre as nações mais seguradas do mundo. Na verdade, até os anos 1960, era possível fazer um seguro-chuva. Se você fosse fazer uma viagem de trem a lazer, digamos, para visitar Amsterdã, e no dia da sua viagem chovesse mais do que uma quantidade determinada pelo seu seguro, você teria direito ao reembolso da passagem. Dá para imaginar uma coisa dessas? Após um dia chuvoso, as estações de trem deviam ficar apinhadas de passageiros tentando reaver seu dinheiro, talvez na verdade sentindo-se até agradecidos pelo temporal!

Então qual é o resultado da aversão à incerteza? Sigamos a lógica até sua irônica conclusão. Eis uma dedução simples: se o sucesso pode de fato conduzir à incerteza, o que conduz à certeza? Isso mesmo: o fracasso! Por isso as pessoas tantas vezes respiram, aliviadas, quando um grande projeto cai por terra. "Está vendo? Eu sabia!", dizem elas. Agora as coisas podem continuar como sempre foram. Como diz o ditado: "O seguro morreu de velho." Com nosso desejo de estabilidade, pensamos ganhar segurança. Mas pode ser que esteja acontecendo o contrário. Pesquisas sobre a síndrome de burnout levaram em conta muitas varáveis (idade, local de trabalho, gênero, emprego, nível de instrução) e mostraram que o melhor fator preditivo do esgotamento é a quantidade de anos que uma pessoa passa no mesmo emprego. Nas palavras do escritor Paulo Coelho: "Se você acha a aventura perigosa, tente a rotina; é mortal."

Nós obviamente fomos feitos para a mudança e para o desafio. Seria possível dizer que o desafio intelectual faz bem à mente, da mesma forma que o exercício físico faz bem ao corpo. O contrário também vale: eliminar da nossa vida o desafio e a mudança não é saudável.

Agora voltemos ao flip thinking.

Qual é a relação entre esse mindset e a busca de estabilidade?

A resposta é simples. Nossa tendência inata a buscar estabilidade e segurança vai contra a técnica do flip thinking. Aqueles que se desafiam a ressignificar os problemas estão tentando alcançar a mudança, mesmo no caso em que ela não é necessária, como no exemplo da versão antiga do nível, que funcionava bem para sua finalidade original. O flip thinking caminha de mãos dadas com a perturbação da ordem. Isso assusta, mas lembre-se: mostrar-se receptivo à mudança pode conduzir a um passo além, talvez até a um passo que já deveria ter sido dado há muito tempo.

# Antifragilidade

## O crescimento pela resistência

*Para voar, é preciso enfrentar resistência.*

– MAYA LIN, arquiteta e escultora

Nos anos 1960, o atleta australiano Derek Clayton era um dos maratonistas menos talentosos do mundo. Com quase 1,90 de altura e um consumo de oxigênio relativamente baixo, seu tipo físico estava longe de ser o ideal para as corridas de longa distância. Mas ele compensou isso se esforçando mais do que todos os outros e correndo mais de 250 quilômetros toda semana.

Embora esse regime puxado tenha funcionado inicialmente, em determinado momento ele chegou ao que parecia ser o limite das suas possibilidades. Com um recorde pessoal de 2 horas e 17 minutos, não conseguia competir com os melhores corredores da sua geração. Passado um determinado ponto, esforçar-se mais não resultava num desempenho melhor. Muito pelo contrário: em 1967, quando estava treinando para a maratona de Fukuoka, no Japão, o que ele conseguiu foi uma lesão grave.

Clayton foi forçado a tirar um mês para se recuperar. Após esse intervalo, arrasado com o fato de talvez não conseguir recuperar o tempo de treino perdido, ele decidiu correr outra maratona antes da prova de Fukuoka para testar o grau da própria recuperação. E o que aconteceu? Para sua surpresa (dele e do mundo inteiro), após um mês sem treinar ele superou seu recorde pessoal em mais de oito minutos. Clayton viria a ser o primeiro atleta da história a correr uma maratona em menos de 2 horas e 10 minutos. O segredo não foi seu treino; foi sua *falta* de treino.

Desde então, dezenas de histórias parecidas foram relatadas no universo esportivo sobre um revés físico e uma recuperação que deixaram o corpo mais forte do que nunca. É como se o processo de recuperação compensasse os danos ao corpo.

O economista Nassim Nicholas Taleb alcançou fama internacional com seu best-seller *A lógica do cisne negro*, sobre acontecimentos altamente improváveis que moldam nossa vida, muitas vezes de forma dramática. O autor considera *Antifrágil*, seu livro seguinte e sua obra-prima, a conquista máxima de sua obra filosófica sobre incerteza, risco e erro humano. Nele, Taleb examina a capacidade de absorver danos e de lidar com a desordem e a imprevisibilidade, assim como a de usar esses desafios para se fortalecer. Coisas capazes de fazer isso – de indivíduos a cidades, economias, sistemas políticos, colônias de bactérias ou mesmo fenômenos culturais, como boatos – são *antifrágeis*. Elas não só se adaptam e sobrevivem mas têm a capacidade mágica de usar a adversidade como um meio de avançar. Para descrever a antifragilidade, ele usa a metáfora da Hidra, monstro de várias cabeças da mitologia grega: sempre que uma de suas cabeças era cortada, duas novas brotavam em seu lugar.

Mas qual a relação entre antifragilidade e flip thinking? Bem, podemos dizer que um organismo ou sistema que se recupera de um revés e volta mais forte passou por um flip thinking, ou seja, viu oportunidade num lugar inesperado. O fenômeno da antifragilidade nos ensina também uma estratégia valiosa que podemos usar nesse processo: às vezes, em vez de tentarmos solucionar um problema, talvez devêssemos simplesmente aceitar a situação e permitir que a antifragilidade faça seu trabalho. Não precisamos intervir; na realidade precisamos *parar* de intervir. O flip thinking às vezes significa afastar-se e deixar que as coisas se encarreguem sozinhas da solução.

Quando você faz exercícios com pesos, está danificando propositalmente os próprios músculos. Esse é um exemplo de estresse do bem. Usar pesos para impor uma carga excessiva ao sistema muscular provoca pequenas lesões nos seus músculos. O resultado? O corpo não se limita apenas a reparar as lesões: para compensar, ele cria *mais massa muscular ainda*. Os fisioterapeutas chamam isso de supercompensação. Um ponto importante é que o crescimento não ocorre durante o treino; durante o treino o que ocorre é apenas a lesão. O crescimento se dá durante os períodos de descanso entre um treino e outro.

Mais um exemplo de estresse do bem é a distração de que os motoristas precisam para se manter despertos e alertas. Estradas retas e vazias são monótonas, e os motoristas acabam relaxando a atenção e podem até pegar no sono. O leve estresse representado por curvas, ou por carros mudando de faixa de repente, ou entrando no tráfego por uma agulha, mantém os motoristas atentos. Já examinamos um efeito parecido em relação ao trabalho: quanto mais tempo as pessoas passam fazendo o mesmo trabalho, menos desafiador ele é e maior é a chance de burnout. Adicionar uma dose saudável de tensão e instabilidade à nossa vida profissional nos mantém mais engajados.

Outra maneira de a antifragilidade surgir em nossa vida é pelo fenômeno do crescimento pós-traumático. Muito se fala de estresse pós-traumático, mas os psicólogos estão prestando cada vez mais atenção ao modo como as pessoas se recuperam do trauma. Dois professores da Universidade de Leiden, Marinus van IJzendoorn e Marian Bakermans-Kranenburg, trabalharam com cientistas israelenses para comparar dados de pessoas judias que haviam emigrado da Polônia para Israel *antes* da Segunda Guerra Mundial com dados de pessoas que emigraram *depois* de 1945. O primeiro grupo não tinha passado pela experiência do Holocausto, e o segundo, sim. Examinaram informações de cerca de 55 mil pessoas, a maioria já falecida na época em que o estudo foi conduzido. O que os pesquisadores esperavam descobrir? Que os sobreviventes do Holocausto em geral não tinham vivido tanto quanto os outros. Afinal, durante o Holocausto, eles tinham sofrido um estresse constante, passado fome e ficado sem nenhum tipo de assistência médica. Para sua surpresa, porém, os pesquisadores descobriram o contrário: os que tinham passado pelo genocídio viviam em média seis meses mais.[1]

Uma doença séria, a morte de um ente querido, a perda de um emprego, um acidente grave: esses acontecimentos são trágicos. Apesar disso, nas palavras do psicólogo e pesquisador do trauma Richard Tedeschi, eles muitas vezes também plantam "as sementes de uma nova vida". Tedeschi ressalta que a experiência de um trauma nada tem de invejável. No entanto, ele escreve que quase todas as pessoas com as quais conversou sobre acontecimentos traumáticos – pais que tinham perdido um filho, pessoas que tinham perdido tudo num desastre natural, sofrido estupro ou sido incapacitadas por um acidente – haviam constatado, após um período de dor, que o trauma as levara a mudar. Muitas conseguiram adquirir uma nova visão sobre si mesmas, as pessoas à sua volta, a vida e o que realmente importa.

O psiquiatra nova-iorquino William Breitbart tem o seguinte a dizer sobre o crescimento pós-traumático: a necessidade de encontrar significado é uma força primária, mas pode ser que para isso precisemos ser confrontados com nossa mortalidade.[2]

O fato de alguns sistemas e organismos serem feitos para voltar mais fortes depois de reveses, perturbações e irregularidades sugere que a busca de alcançar uma estabilidade perfeita e de ter controle em relação à incerteza pode ser contraproducente. Esforços para eliminar todos os riscos, para criar sistemas e mecanismos perfeitos que não estejam sujeitos a incertezas e perturbações, muitas vezes terão mais consequências ruins do que boas. Isso enfraquece a resistência antifrágil.

Vejamos, por exemplo, o caso do corpo humano: ele é excepcionalmente antifrágil e tem mecanismos fascinantes de autocura. E como não teria? Afinal de contas, já temos bilhões de anos de evolução bem-sucedida. Por isso os médicos aprendem, no início da formação, que às vezes o melhor que têm fazer é não fazer nada.

Imagine uma floresta que seja mantida limpa e arrumada, onde todas as árvores e galhos mortos sejam logo retirados. Essa floresta vai se tornar menos densa de árvores e outras espécies vegetais, e menos hospitaleira para os animais, ao passo que uma floresta deixada em paz pode exercitar sua antifragilidade natural. Galhos e troncos derrubados por temporais são fontes de nutrientes e abrigo; os danos e a decomposição geram novas formas de vida. A natureza se beneficia do infortúnio.

Adiante explicarei de que forma a antifragilidade pode ser otimizada pelo flip thinking, ou mesmo pela simples estratégia de esperar antes de tentar solucionar um problema. Por enquanto, voltemos ao que aconteceu com o maratonista Derek Clayton.

Em 1969, dois anos depois de se tornar o primeiro atleta a correr uma maratona em menos de 2 horas e 10 minutos, Clayton sofreu uma nova lesão, dessa vez quando estava treinando para a maratona da Antuérpia, na Bélgica. Após um novo período de descanso obrigatório, ele novamente bateu seu recorde pessoal e mundial, com o tempo de 2 horas, 8 minutos e 33 segundos, recorde que viria a manter por nada menos de doze anos.

# Pensamento emperrado

## Nossa tendência a transformar um problema em desastre

*Eu nem sequer cogitaria entrar para um clube
que me aceitasse como sócio.*

– Groucho Marx

Imagine que você tenha muito trabalho a fazer. Isso é um problema. Você então dá uma turbinada na sua produtividade e termina tudo em menos tempo do que imaginava que levaria. Parece ótimo, não? Problema resolvido. Mas sua chefe poderia pensar: "Que funcionário produtivo! Acho que posso dar um pouco mais de trabalho a ele."

Assim acontece com o que eu chamo de "pensamento emperrado", ou stuck thinking, que é o oposto do flip thinking. Enquanto o pensamento invertido transforma um problema em oportunidade, o pensamento emperrado transforma um problema em desastre. Quanto mais nos esforçamos para "solucionar" um problema, maior ele se torna. É como quando seu carro está atolado na lama e você pisa mais fundo no acelerador. Quanto mais as rodas aceleram, mais o carro afunda.

Onde mais podemos ver o pensamento emperrado? Quando tentamos apagar um fogo soprando; quando puxamos raivosamente uma linha de pesca emaranhada; quando nos debatemos violentamente para sair da areia movediça; quanto tentamos nos livrar de piolhos lavando a cabeça com mais frequência (piolhos adoram cabelos limpos); quando nos coçamos; quando nos forçamos a relaxar num ambiente social (o que pode conduzir a embriaguez, constrangimento e, portanto, mais ansiedade ainda em relação ao evento social seguinte).

Mas por que estou enfatizando o pensamento emperrado? Por que não nos concentramos apenas na inversão do pensamento (que, afinal, é o tema do livro)? Bem, por dois motivos importantes. Em primeiro lugar, precisamos estar atentos ao pensamento emperrado se quisermos evitar suas armadilhas. Precisamos tirar o carro da frente dos bois. Se estivermos bloqueados por um pensamento emperrado, de nada adianta tentar o flip thinking.

Em segundo lugar, o pensamento emperrado não apenas perpetua problemas que simplesmente nos acontecem; ele com frequência *causa* nossos problemas. Pela lógica, para ressignificá-los precisamos saber, portanto, como desemperrar nossos pensamentos.

Digamos que um chefe exigente espere perfeição de seus funcionários e fique uma fera quando cometem erros. Qual é o resultado? O estresse faz com que os funcionários errem mais que o normal. Agora digamos que esse chefe continue exigindo perfeição, mas pare de se zangar. Os funcionários ficam mais relaxados e cometem menos erros. O chefe está praticando o flip thinking? Ainda não. Ele ainda não criou uma oportunidade a partir de um problema. No entanto, agora que removeu seus grilhões de pensamento emperrado, ele e sua equipe estão livres para pensar diferente.

Então como podemos driblar o pensamento emperrado? Sabemos como ele funciona. Já lemos bastante sobre como as pessoas ficam presas em círculos viciosos. Especialistas em nutrição já demonstraram o efeito ioiô nas tentativas de fazer regime. Políticos esbravejam que criminosos vivem entrando e saindo da cadeia. Economistas alertam sobre frenesis de compra e venda de ações. Nossos idiomas são repletos de expressões que fazem referência ao pensamento emperrado: "dar murro em ponta de faca" e "enxugar gelo" são só dois exemplos.

Todos já vivenciamos a ironia de insistir justamente no comportamento que queremos cessar. Como será que atores reagem a um diretor que se dirige a eles com gritos raivosos de "Sejam espontâneos"? Eles ficam mais tensos ainda. Se uma mulher diz ao marido "Eu adoraria se de vez em quando você me trouxesse flores por livre e espontânea vontade", ela está criando para si mesma uma situação de descontentamento permanente. Agora nunca vai achar que o marido quis lhe comprar flores; sempre vai achar que ele está atendendo a um pedido. Pense na mãe que diz ao filho:

"Você precisa ser independente" (impedindo que ele pense sozinho sobre a própria independência); ou no gestor que diz aos subordinados: "Vocês precisam tomar mais iniciativa e se atrever a cometer erros" (impedindo que tomem por si mesmos a decisão de correr riscos). Pense na jornalista debatendo um assunto que, na opinião dela, recebe atenção excessiva. Ou no professor que faz um monólogo de duas horas sobre a importância de um diálogo interativo.

O pior de tudo é que muitas vezes não vemos que estamos presos no pensamento emperrado. Em geral não temos consciência do nosso comportamento. Então acabamos nos encurralando mentalmente. Ao tentarmos controlar nosso pensamento dizendo a nós mesmos "Não posso pensar nisso", ruminamos mais ainda o tema. O que acontece quando você pensa "Preciso estar relaxado para fazer essa apresentação"? Sua ansiedade aumenta. Depois de horas se revirando na cama, alguma vez foi útil dizer a si mesmo "Durma agora"? Pense na conclusão paradoxal à qual algumas pessoas chegam de que são tão ocupadas que simplesmente não têm tempo para sofrer burnout (o que de toda forma já está acontecendo). E se você estiver convencido de que as pessoas que amam você não veem seu verdadeiro eu? Quer dizer então que as pessoas que *não* amam você, estas, *sim*, o conhecem? Esse modo de pensar não poderia ser mais contraproducente.

Mas também é preciso enfatizar que, para aprender o flip thinking, é importante não ver o pensamento emperrado como "ruim" ou "errado" em si. Todos nós passamos por isso. O tempo inteiro. É inevitável. Não somos pessoas ruins ou erradas por agirmos assim; é simplesmente assim que nosso cérebro funciona. Precisamos aprender a não nos martirizarmos por isso e a não ser vítimas de uma caça às bruxas pessoal. Você sabe, aquele antigo e bárbaro ritual de mergulhar uma mulher na água para ver se ela boiava: se morresse afogada, não era bruxa; se boiasse, era condenada à morte por bruxaria. Infelizmente, nos dois casos o resultado era o mesmo. Se ficarmos nos punindo em relação ao nosso pensamento emperrado, nos afogaremos nesse lamaçal. Precisamos entendê-lo para poder intervir e então praticar a mudança de perspectiva.

Embora seja fácil definir o pensamento emperrado – transformar um problema em desastre –, é bem mais difícil notá-lo enquanto acontece.

Dois motivos para isso merecem atenção especial: o feedback compensatório e as reações atrasadas. Vamos ao primeiro.

Muitas vezes nossa maneira de lidar com os desafios da vida seria inteiramente lógica *se* não provocasse reações. Pense na professora de jardim de infância tentando atrair a atenção da turma falando mais alto. As crianças podem reagir aumentando o volume da própria voz. Uma professora novata poderia tentar resolver isso falando mais alto ainda, e as crianças por sua vez reagiriam da mesma forma e a sala viraria um caos. Professora e alunos formam um sistema com um círculo de feedback negativo de causa, efeito e causa, um círculo vicioso, como uma cobra mordendo o próprio rabo. A teoria dos sistemas tem uma definição ótima para esse tipo de reação: *feedback compensatório*. Às vezes o feedback compensatório agrava um problema e às vezes apenas o leva de volta ao seu estado original, como quando se deforma uma garrafa de plástico e pouco depois ela reassume seu formato anterior. Nesses casos, a solução pretendida para um problema é neutralizada pela reação oposta. Volta-se ao ponto de partida.

Aprender a reconhecer que estamos presos num sistema de feedback compensatório é crucial na jornada para mudar nossa maneira de pensar. Um motorista pode criar um sistema de feedback compensatório com um airbag. Como assim? Bem, a sensação de segurança fornecida pelo airbag poderia favorecer uma direção mais imprudente. Da mesma forma, asfaltar estradas de terra em áreas montanhosas pode levar a um aumento de acidentes, pois os motoristas se descuidam quando acham que as estradas são mais seguras. Pessoas que compram lâmpadas econômicas tendem a deixar a luz acesa por mais tempo, e pessoas que têm máquinas de lavar que consomem menos energia costumam lavar pequenas quantidades de roupa a cada vez.

Pode ser bem chatinho identificar o feedback compensatório. Digamos que a CEO de uma empresa diga a seus funcionários que eles não precisam se matar de trabalhar, mas que ela própria trabalha sessenta horas por semana. Suas palavras serão anuladas pelo seu exemplo negativo.

Um dos motivos pelos quais pode ser difícil reconhecer que estamos num sistema de feedback negativo é que a reação muitas vezes é *atrasada*. Pense novamente na garrafa de plástico. Às vezes ela não desamassa na mesma hora, mas algum tempo depois você escuta um leve estalo e pronto: a garrafa voltou ao que era antes. Ou pense numa revendedora de carros que incentive as vendas no fim do ano oferecendo descontos fantásticos. Ótimo, as vendas aumentam bastante. A empresa comemora um excelente ano e todo mundo sai de férias cheio de orgulho. Mas aí as vendas despencam no início do ano seguinte. E mais: com o passar do tempo, o efeito positivo do desconto é neutralizado ainda mais, porque os compradores preveem os descontos de fim de ano e adiam as compras até lá. É este o problema das reações atrasadas: as soluções de hoje muitas vezes causam os problemas de amanhã.

Às vezes o feedback compensatório leva anos para ficar evidente, como no caso da Lei Seca nos Estados Unidos. Pouco depois da Guerra de Secessão, ficou claro que a bebida fazia "mais mal do que bem", provocando acidentes, violência doméstica, perda de empregos. Inicialmente a ideia era apenas fechar os bares, mas com o tempo se reivindicou cada vez mais uma proibição generalizada. No dia 16 de janeiro de 1920, a 18ª Emenda Constitucional entrou em vigor proibindo a fabricação e a venda de bebidas alcoólicas. O consumo passou a ser menos de um terço do que era. A criminalidade diminuiu e a economia melhorou. Até os opositores mais linha-dura, os chamados "molhados", reconheceram que a lei era um sucesso retumbante. Então a maré virou. Os efeitos negativos começaram a surgir. Drogarias e farmácias foram autorizadas a vender bebida alcoólica com receita médica. O resultado? Milhões de dólares de vendas fraudulentas. Além disso, um mercado paralelo de bebida alcoólica se transformou no motor do crime organizado, recheando os bolsos da máfia. Quando se descobriu que havia redes de traficantes de bebida se formando até entre crianças em idade escolar, a pressão para pôr fim à Lei Seca começou a superar o apoio. O número de molhados aumentou, o de secos foi diminuindo, e em 1933 a Lei Seca foi revogada.

Vivemos num mundo cada vez mais complicado. Ao comentar sobre as complexidades dos sistemas, o premiado ensaísta e médico Lewis Thomas afirmou: "Quando estamos lidando com um sistema social complexo [...], não podemos simplesmente sair mudando as coisas achando que isso vai ajudar. Perceber isso é uma das maiores decepções do nosso século."[1] Para evitarmos os efeitos involuntários de uma solução malsucedida, precisamos compreender os erros clássicos de raciocínio.

O primeiro deles é tentar solucionar um problema simplesmente o eliminando. Nossa reação mais básica a um problema é apenas não querer que ele exista. Às vezes podemos eliminá-lo, mas, especialmente nos sistemas complexos, nossos esforços podem causar resistência e ser contraproducentes.

Muitas vezes aquilo que parece ser a solução se torna um novo problema. E o pior de tudo é que os atores desse drama autoencenado geralmente não conseguem enxergar o padrão. Digamos que uma mulher considere o marido excessivamente distante. A solução? Proximidade. O casal deveria ficar abraçadinho no sofá e conversar mais. No entanto, quanto mais ela se aproxima da solução desejada, mais cria um novo problema: o marido passa a vê-la como uma pessoa carente e dependente. Ele se sente sufocado. E então tem uma brilhante ideia para resolver o problema: mantém distância saindo com mais frequência para jogar sinuca. Pode ser que ambos sintam que chegaram a uma boa solução, mas em pouco tempo os "reparos" não serão mais tão satisfatórios. Ela vai começar a reclamar do tempo que ele passa fora, e ele vai reclamar da excessiva carência dela. Em alguns relacionamentos esse ciclo se repete vez após outra e, por ironia, quanto mais um padrão assim perdura, mais difícil pode ser identificá-lo. Talvez seja esse o motivo pelo qual as pessoas tantas vezes acabem repetindo os mesmos padrões em novos relacionamentos.

A base desse erro de raciocínio é um método de solução de problemas que pode ser extraordinariamente eficaz; há inclusive quem afirme que ele nos proporcionou a Revolução Industrial e todas as suas vantagens. Trata-se do "pensamento mecanicista de causa e efeito". Esse raciocínio pressupõe que existe uma linha direta entre causa e efeito, motivo pelo qual também é conhecido como "pensamento linear". Uma de suas premissas básicas é que todo problema tem uma causa e é possível encontrar essa causa fazendo um diagnóstico. Se o diagnóstico estiver correto, pode-se então solucionar o problema com um plano bem formulado. Com contratempos que têm uma única causa evidente – como um pneu furado –, esse processo funciona muito bem. Localizar o furo. Remendar o furo. Pronto.

A humanidade já resolveu muitos problemas assim. Perna quebrada? Gesso! Bactérias? Antibiótico! Enchentes? Diques! Esse método fez um sucesso avassalador. Pode-se dizer que construímos a civilização inteira com ele. Só que esse modo de pensar é limitado, contraproducente até, quando se trata de sistemas mais complexos. Pense num casamento, afetado por inúmeras variáveis: ambições profissionais, vontade ou não de ter filhos, noções sobre o que é felicidade e respeito, relações com parentes e amigos. Se um casal estiver em crise, portanto, pode ser quase impossível identificar "a causa" exata. Existe quase certamente uma combinação complexa de fatores. Muitas vezes, porém, preferimos encontrar "a causa". "Ele conheceu outra pessoa." "Eles estavam cansados um do outro." "Suas diferenças eram irreconciliáveis." Um bom terapeuta de casal sabe que não é assim e vai assinalar que o problema em geral não tem a ver com um dos parceiros apenas, mas com os padrões complexos de comportamento que ambos desenvolveram juntos. Desfazer esses padrões, repetidos ao longo de muitos anos, exige um processo de análise bem mais complexo do que simplesmente encontrar "a causa". O mais triste é que hoje nos vemos diante de um número cada vez maior de problemas altamente complexos com múltiplas causas, como o aquecimento global.

Uma infinidade de erros de raciocínio como esse contribui para o pensamento emperrado. Pode ser que tratemos os sintomas em vez da causa, como tirar o monitor cardíaco da tomada só para não ter mais que ouvir o bipe irritante do aparelho. Também podemos achar que um castigo vai impedir o mau comportamento, como as creches israelenses que decidiram multar os pais que chegassem atrasados para buscar os filhos. O resultado? Vários outros pais começaram a se atrasar também. Por quê? Porque a multa legitimou o atraso; era uma espécie de compensação. Também é comum que um problema surja justamente porque tememos que ele aconteça, algo conhecido como "profecia autorrealizável". Imagine que um casal tenha medo de o filho se tornar rebelde. Eles vivem controlando o menino, perguntando o que ele tem estudado e o que tem feito. O garoto se ressente a tal ponto que acaba acontecendo o quê? Isto mesmo: ele começa a se rebelar.

O pensamento emperrado não cansa de nos surpreender com seus desfechos irônicos. Um último caso: um possível comprador lista todos os aspectos negativos de um imóvel para a imobiliária na esperança de reduzir o preço. O que acontece? A imobiliária sobe o preço. Como assim?! É que corretores experientes sabem que só alguém realmente interessado em comprar um imóvel se daria esse trabalho.

Então que conclusões podemos tirar de todos os nossos pensamentos emperrados? Bem, são várias. Em primeiro lugar, precisamos tomar cuidado para não comemorar uma solução antes da hora. Existe uma grande chance de o problema subjacente persistir, de termos tratado apenas dos sintomas e de, com o tempo, depararmos com alguma reação. Além disso, às vezes tentar solucionar um problema com mais afinco só faz com que ele piore, porque a solução faz parte do problema. Se você sentir que está empurrando uma pedra morro acima ou batendo a cabeça na parede, pare e pense: quais são as forças contrárias em ação? Onde e por que o sistema está reagindo? Pare de resolver. Muitas vezes apenas parar o que estava fazendo já é metade da solução.

Em segundo lugar, ao avaliar uma questão, observe sua complexidade e procure mais do que um simples diagnóstico de causa e efeito. Nas palavras do cientista Edward Lorenz, pioneiro da teoria do caos: "O bater das asas de uma borboleta no Brasil pode provocar meses depois um tornado no Texas." Intervir em sistemas complexos pode acarretar todo tipo de consequências inesperadas.

Por fim, agir de modo impulsivo quase sempre conduz a pensamentos emperrados. Como veremos adiante, o flip thinking exige paciência, além de criatividade.

A boa notícia é que, quando reconhecemos que estamos emperrados numa situação, isso com frequência é sinal de que podemos mudar de estratégia. Quando o saca-rolhas está muito encravado na rolha, para soltá-lo basta girar no sentido contrário. O flip thinking às vezes nada mais é do que reverter um pensamento emperrado. Voltemos ao exemplo da esposa que queria mais tempo de qualidade e do marido que queria mais espaço. Romper o círculo de reação negativa pode ser bastante simples e também paradoxal. Ambos poderiam tomar a iniciativa, independentemente do outro. Ele (querendo mais espaço) poderia reclamar que se viam pouco e então insistir em sair com ela mais vezes, passar horas no sofá e lhe mandar várias mensagens de texto e e-mails, e ela provavelmente começaria a se sentir sufocada e acabaria dizendo: "Ah, pode ir lá jogar sua sinuca." E vice-versa. Ela (querendo mais proximidade) poderia dizer que precisa de um tempo longe dele e que vai passar quinze dias acampando e, melhor ainda, que Chris vai junto. ("Quem é Chris?!", ele vai ficar pensando. "Uma amiga ou um pretendente?") Ela então poderia passar a viagem inteira sem dar notícias. Existe uma boa chance de, após a viagem, ele querer passar mais tempo com ela.

É claro que essas intervenções não garantem felicidade, mas a infelicidade é garantida quando insistimos em padrões nocivos.

## pensamento emperrado

Modo de pensar no qual os problemas estão sempre aumentando, vão de mal a pior. Sinônimos: pensamento sim-mas; stuck thinking. Antônimo: flip thinking, transformar problemas em oportunidades.

# As quatro perguntas

## Faça a pergunta certa na hora certa

*Complexidade é a ausência de simplicidade.*

– EDWARD DE BONO, *Simplicity*

Resta um último e crucial entendimento que precisamos pôr na mala para nossa viagem: nem todo problema deve ou pode ser ressignificado. O segredo é saber quais problemas são ressignificáveis e em que momento. Para ajudar você, desenvolvi as quatro perguntas do flip thinking. Toda vez que você se vir diante de um problema, use as quatro perguntas, nesta ordem, para avaliar a melhor maneira de abordá-lo:

1. Qual é o problema?
2. É realmente um problema?
3. O problema sou eu?
4. O problema vem a calhar?

## Pergunta 1: Qual é o problema?

Essa primeira pergunta parece simples, mas não é. Apontar um problema muitas vezes é mais difícil do que parece. Lembre-se: um problema sempre consiste numa discrepância entre fatos e expectativas. Para identificar um problema, portanto, o segredo é reconhecer os fatos e expectativas envolvidos... com precisão. Isso é mais fácil na teoria do que na prática. Suponha que sua queixa seja: "Meu filho é hiperativo e isso me sobrecarrega."

Você poderia desmembrar isso em duas partes: a expectativa ("Eu bem que gostaria de ter um pouco de paz") e o fato ("Meu filho passa o dia inteiro correndo pela casa"). Mas essa é uma descrição demasiado simples, que deixa sem resposta toda uma série de perguntas. Quão ativa exatamente é a criança? Como exatamente você define "hiperativo"? Como exatamente você define "paz"? Seu filho também é assim na escola? Fica mais agitado depois de comer? Ele dorme bem? Seu cônjuge também o acha hiperativo? Resumindo: antes de começar a solucionar qualquer questão, é preciso fazer uma descrição *adequada* dela.

Suponha que você examine mais seriamente quão ativo seu filho é. Talvez você descubra que, em comparação com a maioria das crianças dessa idade, ele nem é tão agitado assim. Ou pode ser que descubra que você vem procurando inconscientemente problemas no seu filho para provar a si mesmo, ou aos outros, que está atento e cuida bem dele. Nesse caso, você pode passar para outro problema: o que é exatamente "cuidar bem"? Em ambos os casos, a queixa original desapareceu. Evaporou-se. Pensando bem, se revelou inexistente. Era um problema com definição vaga e, em última instância, fictício.

Repare que escolhi com muito cuidado a palavra "adequada", pois uma descrição *completa* é, além de impossível, desnecessária. Temos tendência a pensar que podemos descobrir "as causas" de qualquer problema. Afinal, é assim que somos ensinados a pensar. Na escola nos fazem perguntas como "Quais são os cinco principais motivos para o Partido Nazista ter subido ao poder na Alemanha dos anos 1920?" e "Quais são os três principais motivos para o antigo Bloco Socialista ter acabado?". São simplificações estarrecedoras; é como se o mundo funcionasse como uma espécie de engrenagem e pudéssemos dividir os acontecimentos em explicações mecanicistas. Como vimos, porém, muitas vezes os problemas surgem em sistemas complexos, nos quais muitas variáveis interagem umas com as outras. Patrão humilha empregado, empregado desconta na esposa, esposa grita com o filho, filho chuta cão, cão morde gato. Os sistemas têm todo tipo de efeitos cascata. Sendo assim, tenha como objetivo uma descrição adequada, não completa.

Lembrar-se disso é especialmente importante quando lidamos com problemas dolorosos. Muitas vezes somos tentados a buscar explicações exaustivas para questões mais graves. Por mais sensata que possa parecer essa busca, ela com frequência é mais uma tentativa inconsciente de evitar tomar qualquer providência. Afinal, enquanto não soubermos exatamente o que está causando um problema, como poderemos resolvê-lo? É por isso que as pessoas passam anos fazendo cursos ou terapias para mudar de vida sem conseguir avançar muito, se é que avançam.

Quando enfim encontra uma definição adequada da situação, você passa à pergunta seguinte: o que eu posso ou deveria fazer em relação a isso? Na realidade só existem três boas escolhas: você pode resolver o problema, desistir de resolvê-lo, ou então praticar o flip thinking. Nem todo problema precisa ser ressignificado. Você poderia ressignificar um pneu de bicicleta furado ("Que ótimo, hoje não preciso pedalar até a academia"), mas também poderia trocar o pneu. Não há nada de errado em resolver problemas; muitas vezes é a melhor estratégia. Mas às vezes os problemas são complicados demais. Às vezes são complicados demais também para usarmos o flip thinking. É nessa hora que você precisa recorrer à outra alternativa: desistir de resolvê-los.

Digamos que você more ao lado de um aeroporto e o barulho seja muito incômodo, mas não tenha condições de se mudar. Nesse caso você tem um problema que não pode ser nem resolvido, nem ressignificado. O barulho incomoda e não há nisso nenhuma oportunidade a ser explorada. Então só lhe resta desistir. E o que seria a desistência nesse caso? Não seria decidir que o barulho não incomoda mais. Não é isso. Desistir seria parar de tentar encontrar uma solução; aceitar que existe um problema e que não há nada que possa ser feito. É crucial entender que isso não é o mesmo que não fazer nada, algo que as pessoas vivem fazendo. Desistir é decidir aceitar o problema. Sem isso, ele será um peso cada vez maior. Você não vai parar de escutar aquela vozinha interior dizendo para "resolver logo", vai se irritar cada vez mais com a situação e vai se frustrar. Se desistir do problema, porém, com o tempo ele terá menos efeito sobre você. Você vai parar de esbravejar toda vez que ouvir um avião decolando.

Resumindo: após definir de maneira adequada o problema, pergunte a si mesmo se você pode resolvê-lo. Se puder, ótimo: resolva. Caso encerrado. Se não puder, avalie se é possível mudar sua perspectiva sobre ele ou se você precisa deixar para lá. Avance para a pergunta 2 apenas se achar que o flip thinking é possível.

# Pergunta 2: É realmente um problema?

Essa segunda pergunta diz respeito à *urgência* do problema. Trata-se de um problema com P maiúsculo ou apenas de um pequeno imprevisto? Nosso cérebro tem muito talento para fazer tempestade em copo d'água. Adoramos reclamar das coisas e vemos adversidades por toda parte. Está chovendo; isso é *realmente* um problema? Merece verdadeiramente nossa atenção? Vejamos outro exemplo menos óbvio: qual a gravidade real de você ter discussões constantes com sua filha adolescente? Passamos a esperar da nossa vida uma perfeição impossível, e é interessante perguntarmos a nós mesmos se a verdadeira questão seria essa expectativa – não nossa lista interminável de supostos problemas. Será que deveríamos tratar pequenas chateações e frustrações cotidianas como parte natural da vida? Pense no casamento. Como escreve o psicólogo Jeffrey Wijnberg: "O simples fato de estarem satisfeitos de repente não é mais suficiente, então marido e mulher buscam terapia de casal assim que a comunicação deixa de ser absolutamente impecável."[1] Por favor, não me entenda mal, mas eu diria que problemas de comunicação são um dos aspectos definidores do casamento. É melhor vê-los como motivos para rir do que como problemas a resolver. Pessoas casadas esquecem que podem se considerar sortudas por terem alguém no mundo que deseja viver debaixo do mesmo teto que elas. Isso por si só já é motivo para sentir uma gratidão incrível. Basta pensar em todas as almas solitárias que ficariam felizes por ter alguém com quem discutir de vez em quando.

O segredo é ser capaz de separar as grandes preocupações das pequenas – que geralmente desaparecem sozinhas. Seu filho matou aula? Certo, mas foi só uma vez. E daí? Eu ficaria mais preocupado se ele *não* fizesse isso ao menos uma vez na vida. O gato arranhou a lateral do sofá; é uma tragédia? Não, claro que não. Essas são apenas preocupações banais, chatices cotidianas intrínsecas à vida. Como dizem por aí: acontece!

No fim das contas, temos o poder de determinar aquilo que consideramos problemas importantes (por exemplo, uma doença crônica e dolorosa, a morte repentina de um ente querido ou um filho enfermo) e aquilo que é irrelevante. Essa segunda pergunta pode nos poupar muito tempo e energia. Mas se sua resposta a ela for *sim* e você estiver seguro disso, é hora de formular a terceira pergunta.

## Pergunta 3: O problema sou eu?

Essa é a mais intrigante das quatro. Quase toda vez que nos vemos diante de um problema, nós pensamos nele como algo que vem de fora – algo externo a nós. Mas (surpresa!), agora que aprendemos o que é pensamento emperrado, sabemos que nossas expectativas são parte essencial de um problema. Às vezes até são o problema inteiro. A boa notícia é que podemos ajustar nossas expectativas. Em vez de esperar que nosso filho pequeno fique quietinho brincando, podemos esperar que ele passe boa parte do tempo sendo "ativo". Ou seja, muitas vezes basta ajustarmos nossas expectativas para que o problema evapore.

O mesmo se aplica ao nosso comportamento. Nossas ações costumam contribuir para nossos problemas. Nem sempre é fácil admitir isso, mas muitas vezes o problema vai embora assim que paramos de tentar resolvê-lo.

## Pergunta 4: O problema vem a calhar?

Se passamos da terceira pergunta, adentramos o território do flip thinking. O problema é real, portanto oferece possibilidades de solução. A energia que gastaríamos tentando solucioná-lo pode ser usada para explorar seu potencial. Considero essa a pergunta milagrosa do processo de inverter o pensamento. No início parece absurdo: como um problema pode "vir a calhar"? Problemas são coisas ruins, não são? Mas, ao fazermos esse questionamento, começamos a abandonar a ideia de que um problema é sempre algo que não queremos que exista. Essa pergunta nos ajuda a estimular nossa criatividade para abrir novas linhas de pensamento.

Um exemplo simples: ficar careca é um medo que muitos homens têm. Mas, com a ajuda da quarta pergunta – *como perder o cabelo poderia ser bom?* –, você talvez descubra um motivo para desejar ser careca. Não é uma ideia tão estranha assim. Pense em Andre Agassi, Dwayne Johnson e Michael Jordan e em quão atraentes eles são. No caso deles, o "problema" lhes caiu muito bem.

\* \* \*

Na próxima parte do livro apresentarei quinze estratégias para transformar problemas em oportunidades. Embora o fundamento de todas elas seja dizer "sim" à realidade, aceitar um problema e *mover-se junto dele* na direção de uma possibilidade inesperada, cada uma opera de um jeito e se adapta melhor a determinadas situações do que a outras. Avalie uma por uma, pense em como poderia aplicá-las na sua vida e comece a experimentá-las.

Boa viagem.

# Em resumo

## Nossa mala está pronta.
## Colocamos nela sete itens

### 1. Aceite a realidade

Diversas coisas na vida são imutáveis, como o vento que sopra. Pare de gastar energia tentando mudá-las. Aceitar o imutável pode conduzir imediatamente a uma oportunidade nova.

### 2. Observe com cuidado

Vemos o que pensamos ver, não o que está ali de fato. Nossa percepção é sempre incompleta e parcial. Pode parecer óbvio, mas é muito importante ter isso em mente. Afinal, os fatos são a essência do flip thinking. Eles são a alavanca entre o problema e a oportunidade.

### 3. Pressuponha que problemas não existem

Problemas são a desarmonia entre o que é e o que deveria ser, o abismo entre sonho e realidade. Abra as janelas e observe as coisas com um olhar diferente. Abra mão do que "deveria ser" e observe o que é. A realidade contém apenas fatos. Os problemas só existem na nossa cabeça.

## 4. Aprenda a conviver com o estresse
## e a instabilidade

Um dos maiores obstáculos à mudança é o contentamento: "Acho que está bom assim", pensamos. Só que o bom é inimigo do ótimo. O flip thinking funciona melhor com uma atitude de constante renovação.

## 5. Seja antifrágil

Pessoas, organismos e sistemas podem ser antifrágeis: ter a capacidade de crescer em meio à adversidade. Conseguem superar problemas e até progredir graças a eles. Adaptar-se às dificuldades é uma das características inerentes da natureza. Uma das maneiras mais eficientes de usar a antifragilidade é a não intervenção, o não fazer nada: deixar o poder da autorreparação fazer seu maravilhoso trabalho.

## 6. Pare de emperrar seu pensamento

O mundo está repleto de sistemas complexos e, em muitos casos, quando tentamos mudá-los ou "consertá-los", eles reagem de um modo que anula nossas tentativas. Essa reação pode demorar anos para aparecer e surgir onde menos se espera. O pensamento emperrado tenta solucionar um problema de um jeito que acaba piorando as coisas (por exemplo, trabalhar até mais tarde para dar conta do excesso de tarefas... só para ver seu chefe *aumentar* a demanda depois). Antes de recorrermos ao flip thinking, precisamos reconhecer e interromper os padrões de pensamento emperrado.

## 7. Faça a si mesmo quatro perguntas

Nem todos os problemas precisam de flip thinking. Alguns podem simplesmente ser resolvidos. Outros são tão complexos ou estão tão fora do nosso controle que não há outra escolha senão desistir de resolvê-los. Somente após ter respondido às primeiras três perguntas (Qual é o problema? É realmente um problema? O problema sou eu?) é que você estará pronto para encarar a quarta pergunta (O problema vem a calhar?) e transformar o problema em oportunidade.

# PARTE 2
# A jornada

# Quatro atitudes básicas

## Amar, trabalhar, lutar e jogar

Seria ingênuo enfrentar o mundo com um único tipo de atitude. Ora é preciso ter otimismo, ora perseverança, astúcia, criatividade ou paciência. Agrupei as quinze estratégias em quatro *atitudes básicas* que você pode usar para lidar com a realidade. São elas: amar, trabalhar, lutar e jogar.

Quando se vir diante de uma circunstância que deseja ressignificar, comece perguntando a si mesmo: que atitude a situação está pedindo? Ela demanda amor e atenção ou é melhor se preparar para a luta? Exige muito trabalho ou uma abordagem mais lúdica?

Muitas vezes a resposta nos vem intuitivamente. Dizemos a nós mesmos "Não leve isso tão a sério", ou "Concentre-se". Confie nos seus instintos; o flip thinking é um misto de lógica e intuição. Primeiro identifique a melhor atitude em cada caso, depois escolha a estratégia que julgar mais eficaz.

*Estratégias 1 a 4*

## Amar

Estratégias que usam o amor como ponto de partida apoiam-se no que as pessoas têm de bom, nas perspectivas positivas oferecidas pela situação e na esperança de que as circunstâncias mudem para melhor. Seus principais fatores são aceitação, reconciliação e paciência.

# Estratégia da aceitação

*Quanto mais agimos em harmonia com as coisas,*
*menos resistência encontramos.*

Numa cena de *Os caçadores da arca perdida*, primeiro filme da saga de Steven Spielberg, o protagonista Indiana Jones deveria enfrentar um de seus muitos oponentes num intenso combate de espadas. A luta seria um dos pontos altos do filme e nada menos que três dias de filmagem tinham sido reservados só para ela. De modo a tornar a cena o mais convincente possível, o ator Harrison Ford havia passado semanas aprimorando a coreografia e sua técnica de espadachim. No primeiro dia agendado para a filmagem, porém, Ford teve uma crise aguda de diarreia e não pôde filmar a luta. Felizmente o ator teve uma ótima ideia. Sugeriu a Spielberg que talvez fosse melhor não haver luta alguma. Quando o adversário brandisse ameaçadoramente seu imenso sabre, Indiana Jones poderia apenas respirar fundo, sacar seu revólver e atirar nele. Essa é uma das cenas mais clássicas da história do cinema. Um flip thinking absolutamente brilhante!

A primeira, mais simples e mais óbvia estratégia – embora talvez a mais difícil – é a da aceitação. Como disse o psicólogo Carl Jung: "Não podemos mudar algo se não o aceitarmos. A condenação não liberta; ela oprime." A pergunta que resume essa estratégia é: existe algo a que eu esteja resistindo que seria melhor aceitar? A ventania? Uma intoxicação alimentar? Meu humor? Como bem ilustra a história de Indiana Jones, quando paramos de resistir àquilo que não podemos mudar, às vezes surge uma nova oportunidade que jamais teríamos visto se insistíssemos em como as coisas "deveriam ser".

Não é por acaso que a estratégia da aceitação é a primeira das quinze que apresento aqui. Pense nela como *a mãe de todas as estratégias*. É a pedra fundamental da mudança de pensamento, o alicerce para todas as demais. Em muitos casos, basta aceitar a realidade para transformar uma situação.

É claro que aceitar é mais fácil na teoria do que na prática. Aceitar não significa apenas abrir mão de como você acha que o mundo deveria ser; exige também certa disposição mental. Enquanto estivermos julgando, nos preocupando, avaliando, criando narrativas sobre o que *deveria* ser, não estaremos aceitando. Somente ao observar a realidade sem esse julgamento é que poderemos verdadeiramente aceitá-la. Como um fato. Observar a realidade dessa forma exige uma disposição mental específica cuja melhor descrição talvez seja "prestar atenção". A essência do "prestar atenção" é o esforço para estar presente e consciente no aqui e agora, sem julgamento, avaliação ou tentativa de mudar a realidade. Não há problema, preocupação ou reflexão sobre o passado ou o futuro que nos distraia quando estamos conscientes. Simples assim.

∗ ∗ ∗

Esse tipo de aceitação não é fácil. Em parte porque a aceitação tem má fama. Costuma ser associada a resignação e submissão, como se fosse uma espécie de fraqueza. E preferimos ser fortes, seguros e autônomos. Preferimos moldar a realidade a nos dobrarmos a ela. No entanto, a realidade é infinitamente mais forte do que qualquer um de nós. Somos apenas uma parte minúscula de um universo imenso. Muitas vezes agimos como se pudéssemos controlar o mundo, mas é claro que não é assim que funciona. Somos a parte frágil de um todo muito maior.

Ironicamente, essa ilusão de controle nos enfraquece. Travamos batalhas impossíveis, nos esforçando ao máximo para resistir ao inevitável, e muitas vezes acabamos perdendo oportunidades nas quais nem queremos pensar. Resistir não nos fortalece; o que nos fortalece é a aceitação e, em seguida, a *adaptação*. A adaptação é uma força criativa vital. Precisamos canalizá-la e virá-la a nosso favor. Plantas, animais, pessoas, tudo na natureza se tornou o que é graças à capacidade fenomenal de adaptação. A famosa expressão "sobrevivência do mais apto", cunhada por Herbert Spencer e adotada por

Charles Darwin, às vezes é interpretada como "sobrevivência do mais forte", mas não foi isso que Darwin quis dizer. Os mais aptos, demonstrou ele, são os que melhor se adaptam aos desafios. Animais sobrevivem melhor ajustando-se para atender às demandas do entorno. Como já discutimos, a natureza é antifrágil. Plantas que brotam em solo seco são as que desenvolvem as raízes mais profundas. A adaptação conduz à transformação.[1]

Um dos caminhos para observar sem julgar é ouvir os outros com aceitação. Ao mostrar às pessoas que estamos sinceramente dispostos a aceitar o que elas pensam e sentem, oferecemos a elas reconhecimento, que é uma ferramenta mágica. Isso pode ter um efeito transformador em crianças, por exemplo. Muitos problemas na criação de filhos – e nos relacionamentos e na sociedade como um todo – são resultado direto do fato de as pessoas não se sentirem vistas, ouvidas e reconhecidas como quem de fato são. Nas palavras de Paul Ferrini, autor de *Amor incondicional*: "O amor não reclama, discute ou culpa. O amor apenas abraça o outro exatamente como ele é."

O poder da aceitação ajudou um coordenador escolar a ser mais bem aceito por um grupo de professores descontentes. Os professores tinham se unido na mesma reclamação: "Ninguém nos escuta." Então o coordenador convidou todos para uma reunião. Seu plano era aceitar o que eles estivessem sentindo, escutá-los e tentar entender suas demandas. Na reunião, um dos professores disse:

– Queremos mais informações, abertura e transparência.

O grupo inteiro concordou.

– Isso significa que vocês querem analisar o orçamento, por exemplo? – perguntou o coordenador.

– Sim – responderam alguns.

– Não – respondeu a maioria.

Eles então começaram a debater a questão entre si. O coordenador então perguntou:

– Isso significa que vocês querem conversar sobre a nova sede?

A pergunta teve a mesma resposta heterogênea. O resultado? Os professores na mesma hora se tornaram menos unidos em sua resistência ao novo chefe. Como ele já imaginava, o verdadeiro problema era simplesmente a falta de diálogo.

Ouvir é fundamental para a aceitação. Conheço um rapaz que usou essa estratégia quando precisou enfrentar um senhorio difícil. O senhorio aparecia várias vezes ao mês para perguntar se estava tudo bem e passava um tempão reclamando da vida. Entretanto, quando o inquilino tinha um problema no apartamento, o senhorio não movia uma palha para ajudar. O que fazer nesse caso? O rapaz queria se livrar do senhorio, mas também era do interesse dele manter boas relações. No fim das contas, depois de dispensá-lo amigavelmente algumas vezes, o rapaz decidiu chamá-lo para conversar. Ofereceu-lhe um café e o senhorio falou abertamente sobre seus imóveis, os inquilinos e todas as questões envolvidas. Enquanto ele falava, o rapaz meneava a cabeça, fazia perguntas para manter a conversa fluindo e comentava como era difícil achar um bom lugar para morar na cidade. Hoje, três meses depois, os dois se tratam bem. O inquilino liga para o senhorio sempre que precisa de ajuda, e o senhorio, por sua vez, já deixou claro:

– Se quiser se mudar, me avise, porque posso ver se consigo um apartamento legal por um bom preço para você.

Ser bom ouvinte é uma habilidade que se aprende com relativa facilidade. Qualquer curso básico de comunicação ensina que devemos fazer perguntas que indiquem interesse; menear a cabeça e concordar verbalmente de tempos em tempos; não interromper o interlocutor nem permitir que haja silêncios; resumir de vez em quando o que escutamos, algo chamado "paráfrase". Mas conhecer essas estratégias não garante que será fácil colocá-las em prática, em especial se o que a pessoa estiver dizendo for irritante ou diferente do que gostaríamos de ouvir.

A aceitação pode transformar um problema em oportunidade, e vou contar algumas histórias para exemplificar isso, histórias com situações que vão do "fácil de aceitar" ao "praticamente inaceitável". Enquanto estiver lendo, pense em como você teria lidado com o caso. Será que teria conseguido aceitar e se adaptar?

Por volta de 1900, o chá era vendido apenas na forma de folhas soltas dentro de latas, e as latas tinham um preço bem salgado. Diz a lenda que o importador de chá nova-iorquino Thomas Sullivan estava enfrentando uma competição feroz, e para poupar dinheiro decidiu parar de usar latas para enviar as amostras de chá para compradores em potencial; em vez disso passou a usar saquinhos de seda, que eram consideravelmente mais baratos. Embora Sullivan considerasse os saquinhos apenas uma embalagem alternativa, ficou sabendo por alguns clientes insatisfeitos que eles estavam usando os saquinhos para mergulhar o chá na água no lugar dos infusores de metal, e que a seda tinha uma trama demasiado fechada para isso. Em vez de lhes explicar que a intenção inicial não era usar os saquinhos como infusores, Sullivan aceitou a queixa dos clientes e teve a ideia de usar um tecido de gaze com uma trama mais aberta no lugar da seda, desenvolvendo assim o saquinho de chá como o conhecemos hoje.

Sullivan conseguiu identificar uma baita oportunidade ao não se opor imediatamente às críticas dos clientes. Foi muito simples e ao mesmo tempo muito difícil. Aceitar as oportunidades é uma arte. Olhe para trás e pense em quantas chances você pode ter deixado passar na vida. Todos já fizemos isso e por muitos motivos: porque insistir numa ideia mudaria demais nossa vida; porque não queríamos abrir mão da segurança de um emprego; e, com grande frequência, porque não víamos um suposto problema como uma oportunidade. Talvez você esteja pensando: "Que bom para Sullivan, mas o insight não foi dele, foi dos clientes." Então consideremos um caso mais espinhoso.

Como você reagiria se descobrisse que parte dos seus clientes anda roubando sua empresa? Nos voos de primeira classe da companhia aérea de Richard Branson, a Virgin Atlantic, a refeição vem acompanhada de saleiros e pimenteiros característicos. Eles têm o formato de um avião e se chamam Wilbur e Orville, em homenagem aos irmãos Wright, pioneiros da aviação. Os passageiros adoram esses objetos. Adoram tanto, na verdade, que muitos não conseguem resistir à tentação de deixar os saleiros e pimenteiros "caírem" dentro da sua bagagem de mão.

Tantas pessoas furtavam os aviõezinhos que substituí-los passou a ser uma despesa considerável, e o departamento financeiro da Virgin Atlantic quis se livrar deles. Mas Branson não gostou nem um pouco da ideia. Por que se livrar de algo que fazia tanto sucesso? Em vez de tirá-los de circulação, ele mandou gravar nos objetos as palavras "Surrupiado da Virgin Atlantic". O resultado? Wilbur e Orville continuaram sendo afanados, mas se transformaram numa das campanhas promocionais mais bem-sucedidas da empresa. Além de serem um belo suvenir, eles acabam promovendo a companhia aérea, pois rendem ótimas histórias para contar entre amigos.

O fato de a Virgin Atlantic ter reagido aos furtos com bom humor foi ótimo para a imagem de ousadia da marca.

Agora vamos um pouco mais fundo. Como aceitar que não conseguimos mudar o comportamento de alguém, mesmo que esse comportamento coloque a própria pessoa em risco? Foi isso que os funcionários da casa de repouso Benrath, em Düsseldorf, Alemanha, conseguiram fazer. Muitos dos residentes de Benrath têm doença de Alzheimer e tentam fugir para suas antigas casas, muito embora com frequência já não tenham casa alguma para a qual voltar. É claro que dizer a eles que não podem fugir não adianta; eles simplesmente não entendem. Então o que a casa de repouso fez? Mandou instalar dentro do seu terreno um ponto de ônibus de mentira, uma cópia exata de um ponto de verdade. Agora os pacientes fujões podem facilmente ser encontrados no ponto de ônibus. Os enfermeiros os abordam com toda a delicadeza, dizem que o ônibus está um pouco atrasado e os convidam a esperar tomando um café. Cinco minutos mais tarde, os pacientes já esqueceram que queriam ir embora. A ideia fez tanto sucesso que outras casas de repouso pela Europa também a adotaram.

Vamos considerar uma das coisas de mais difícil aceitação: a traição da pessoa amada. Uma grande amiga minha era casada e tinha uma filha quando descobriu que o marido havia engravidado outra mulher. O marido disse que amava as duas. Eu me atreveria a dizer que, em mais de 95% dos casos, isso teria levado a um conflito descomunal. A maioria das esposas teria ou abandonado o marido ou exigido que ele escolhesse uma das duas.

Mas o que minha amiga fez foi pensar profundamente sobre os valores e princípios essenciais que guiavam sua vida (distintos daquilo que as leis do matrimônio, as convenções sociais ou a Bíblia ditam sobre o assunto) e corajosamente escolheu levar uma vida "sim-e". Ela decidiu manter sua família unida, deu o melhor de si para perdoar o marido (que, é claro, esforçou-se ao máximo para ser perdoado) e aceitou o fato de ele ter uma segunda família. Isso faz mais de vinte anos e hoje, ao olhar para trás, ela constata que tomou a decisão certa, apesar de todos os percalços.

"Mas em que sentido isso é um caso de flip thinking?", você talvez pergunte. É claro que é uma história de aceitação, mas onde estava a *oportunidade* escondida no problema da minha amiga? Qual foi o "e" do seu "sim-e"? A verdade é que ela mesma não enxergou as vantagens de imediato. Como ela mesma me disse: "Ter duas famílias significava que ele precisava dividir seu tempo entre duas casas. No começo foi difícil e eu tive que aprender a suportar esse fato. Mas um dia eu estava sentada com a minha filha, pensando que continuaríamos sozinhas pelos três dias seguintes, e me dei conta de que era isso mesmo que eu queria. De repente lembrei que eu e ele, desde o início do casamento, tínhamos combinado preservar nossa independência. Até por isso tivemos apenas uma filha. Para mim não havia nada mais sufocante do que viver grudada no cônjuge sete dias por semana, ou à disposição das crianças 24 horas por dia. Foi quando percebi que finalmente estava vivendo como eu queria viver. Foi um choque até para mim. Muita gente me disse: 'Ok, mas você terá que se responsabilizar pela criação da sua filha enquanto ele tira o corpo fora.' O que essas pessoas não entendiam é que era exatamente isso que eu queria. Sempre adorei ficar sozinha com minha filha. E isso se eu quisesse um tempo só para mim, também daríamos um jeito. Quanto a ele tirar o corpo fora? Não foi o caso. A situação foi mais complicada para ele do que para mim. É assim até hoje.[2]

Esse é um exemplo um tanto extremo, eu sei. E é claro que não estou dizendo que você deva simplesmente "aceitar" uma traição. Muito pelo contrário. No entanto, para aquela mulher naquela situação específica, a estratégia que ela escolheu funcionou; é um exemplo, não um manual de instruções. E é nisto que consiste o flip thinking: em encontrar caminhos novos e inesperados de raciocínio e comportamento que se encaixem nos *nossos* desejos, objetivos e necessidades. Não tem a ver com como o mundo deveria ser. Tem sempre a ver com como o mundo poderia ser. Não em geral. Mas para nós. Na nossa situação específica.

Também preciso dizer que aceitar uma situação nem sempre é a melhor alternativa; às vezes é absolutamente fundamental dizer "não" em alto e bom som. Mas é incrível quantos problemas podem ser ressignificados por meio da aceitação, quando nos adaptamos e aproveitamos as possibilidades do que é em vez de insistir no que *deveria ser*.

# Estratégia da espera

*Às vezes é preciso esperar para criar. E muitas vezes o mais difícil é justamente não fazer nada.*

Existe uma parábola antiga sobre um agricultor chinês que certo dia encontra um cavalo selvagem.

– Que sorte incrível! – dizem os outros aldeões.

– Talvez seja – responde o agricultor.

Então seu filho mais velho decide domar o cavalo selvagem, acaba caindo do animal e quebra a perna.

– Que azar terrível! – comentam os aldeões.

Ao que o agricultor responde:

– Talvez seja.

Algum tempo depois o Exército recruta todos os rapazes saudáveis da aldeia para servir na guerra. O filho do agricultor escapa do alistamento por causa da perna quebrada.

– Que sorte a dele! – comentam os aldeões.

E o agricultor responde:

– Talvez seja.

O que representa sorte ou azar é em parte determinado pelas circunstâncias. É nisso que se baseia a estratégia da espera. O mundo nunca para de se mover. Algo pode parecer um problema em dado momento, mas se transformar em oportunidade assim que a situação muda. A maneira mais pura de praticar o flip thinking é aceitar as coisas como elas são e ajustar a atitude diante delas. Esta é a maneira mais fácil, óbvia e natural de lidar com a realidade: trabalhar com o que existe e aguardar. Só isso. E o melhor de tudo é que é o *tempo* que faz o trabalho, não a gente.

Um exemplo: a Torre Eiffel foi construída como uma entrada imponente para a Feira Mundial de 1889, que comemorava o centenário da Revolução Francesa. O monumento fez muito sucesso durante o evento, mas depois o número de visitantes foi caindo até chegar a zero. Não adiantou nem mesmo baixar o preço do ingresso. Os parisienses desde o início tinham implicado com a torre de 324 metros de altura. Quando ela perdeu seu propósito, isso para eles foi a gota d'água. Passaram a vê-la como uma monstruosidade que não se encaixava no restante da arquitetura de Paris e poluía a paisagem urbana. Mas a estrutura tinha uma grande serventia: por causa da altura, era uma torre de comunicação ideal, então antenas de rádio foram instaladas lá no alto. Com o passar dos anos, e apesar de toda a suposta feiura, a torre se tornou o símbolo *máximo* de Paris, um ímã turístico que atrai anualmente 6 milhões de visitantes.

Os taoistas têm uma expressão, *wu wei*, que significa mais ou menos "fazer sem fazer". Não se trata de sentar e relaxar, mas de escolher não fazer nada. Por exemplo, um árbitro de futebol pode decidir não apitar uma falta porque interromper o jogo poderia atrapalhar uma chance real de gol do time que sofreu a falta. É o que chamamos de lei da vantagem. O árbitro deixa a partida correr e apita a falta um pouco depois, se for o caso. Isso é fazer alguma coisa? Ou não fazer nada? A resposta é: as duas coisas. Isso é espera.

A estratégia da espera pode parecer passiva, mas exige um altíssimo grau de atenção. A arte é saber quando chegou a hora de agir. É como se fosse uma dança com a realidade, na qual *seguir* é mais importante que conduzir. O segredo é sentir qual será o próximo movimento, estar em *sincronia* com o momento presente e ter uma consciência constante das forças ao redor. É saber *pegar o embalo* e ter uma excelente noção de timing. Esperar pode ser um verdadeiro desafio de paciência. Pense num agricultor que precisa decidir quando colher seu trigo. Se ele agir muito cedo, o cereal não vai estar totalmente maduro, mas se esperar demais o trigo vai ressecar e ele vai perder muito em produtividade. Quando bem aplicada, a estratégia da espera nos transforma em sábios agricultores.

Fazer as coisas por meio de uma inação deliberada não é algo natural para nós. Nossa tendência é querer enfrentar os desafios, arregaçar as mangas e partir para a ação. Isso nos leva a crer que dominamos as coisas, que as temos sob controle. Gabriël Anthonio, professor de liderança na Universidade de Groningen, fez o seguinte comentário sobre quão equivocada é essa atitude:

Não fazer nada diante de uma questão complexa às vezes pode ser sinal de apatia ou de negligência, mas não é disso que estamos falando. Escolher não fazer nada tem a ver com olhar, escutar e observar. Se você quer se envolver mais com a situação, então precisa justamente prestar atenção nela. Esse é o caminho para considerarmos um problema com a mente aberta, sem preconceitos ou opiniões. Nenhum relatório é escrito, nenhuma ação é realizada, mas presta-se atenção. Apenas isso. Minha experiência como profissional e gestor é que muitos sistemas, até mesmo sistemas complexos, podem ser solucionados por meio de uma atenção genuína e séria. Refiro-me em especial àqueles problemas para os quais simplesmente (ainda) não temos solução. No entanto, por uma necessidade moderna de "controle" ou outros motivos neuróticos, com frequência decidimos fazer algo mesmo assim. Ao mesmo tempo, todos temos plena consciência de que isso não acrescenta valor algum à situação; muito pelo contrário. Essa compulsão por pensar em soluções e agir logo em seguida muitas vezes traz novos problemas. [...] Na realidade, existe uma força especial a ser encontrada quando prestamos atenção num problema. Ele muitas vezes se resolve sozinho.[1]

Apesar disso, essa estratégia não costuma ser valorizada. Temos muito mais probabilidade de ser recompensados pelas coisas que fazemos do que por aquelas que deixamos quietas. Não há prêmio para coisas que não são feitas; os prêmios são concedidos por coisas que possam ser vistas e mensuradas. Isso leva a alguns resultados perversos. Imagine o caso de um cirurgião que decide não tratar uma hérnia porque, na avaliação dele, o paciente tem plena capacidade de se curar sozinho. O cirurgião confia na antifragilidade do corpo. Só que ele vai receber bem menos honorários do que se decidisse operar, possivelmente submetendo o paciente a mais riscos.

É por isso que, para incentivar a inação sábia, precisamos reformular nossas estruturas de recompensa. Pense nos médicos dos antigos vilarejos chineses, que recebiam um salário fixo mensal de todas as pessoas saudáveis das redondezas. Em troca, seu trabalho era garantir que elas continuassem saudáveis e dar conselhos sobre nutrição e exercício físico. A pessoa que adoecesse parava de pagar.

Ricardo Semler, diretor e dono da bem-sucedida empresa brasileira Semco Partners, dominou a habilidade de esperar e deixar uma situação seguir seu curso. Em seu livro *The Seven-Day Weekend* (O fim de semana de sete dias), ele conta a história de uma secretária que tinha virado um problemão. Antes uma boa colega, ela havia começado a bater boca e a espalhar fofocas desagradáveis, e vivia bufando, zangada, pelo escritório. Todas as tentativas de conversar com ela sobre seu comportamento tinham fracassado. Quando a questão foi levada a Semler, o que ele decidiu fazer? Nada, absolutamente nada. Ele tomou a decisão deliberada de simplesmente esperar para ver. O resultado? Com o passar do tempo, a secretária parou de se comportar daquela forma e tudo voltou ao normal. Ninguém soube por que ela havia ficado tão alterada nem por que voltara a ser como antes. Ela mesma talvez não soubesse. Mas isso tem importância? Às vezes o simples fato de deixar alguém em paz pode ser a melhor estratégia.

Semler acredita em dar o máximo de espaço possível para as pessoas na sua empresa. Ele criou um sistema democrático radical entre os funcionários. A burocracia é mínima. A empresa nem sequer precisa de um departamento de recursos humanos. Semler acredita que um administrador que precise da ajuda do RH é um mau administrador. Sua empresa não tem organograma nem declaração de missão; as reuniões não são obrigatórias e, se ninguém aparece, pressupõe-se que a pauta não era muito importante. Os próprios funcionários decidem seu horário e salário e recrutam seus superiores. O resultado é o caos? Longe disso. Com um quadro de cerca de 3 mil funcionários, a taxa de demissões é mínima, e em 2003, ano em que Semler publicou o livro, o faturamento da empresa tinha passado de 4 milhões a mais de 250 milhões de dólares. A empresa também atravessou com facilidade a crise de crédito de 2008. Semler hoje dá palestras no mundo inteiro para divulgar sua visão de liderança.

Por que esperar é uma estratégia tão eficaz? Um dos motivos é o modo como a criatividade funciona. Se você quiser descobrir possibilidades realmente novas (e em última instância é disso que trata este livro), a solução pode ser aceitar que você não tem uma resposta agora e ir fazer outra coisa nesse meio-tempo. Várias pesquisas científicas corroboram isso. Por exemplo, o professor Steven Smith, da Universidade Texas A&M, conduziu um experimento cujos participantes tinham que resolver quebra-cabeças. Aqueles que podiam fazer uma pausa curta acabaram sendo significativamente mais rápidos na tarefa. E mais: quanto maior o intervalo, mais depressa os participantes achavam as soluções. O intervalo era especialmente eficaz quando os pesquisadores ajudavam com pistas. Todos os grupos recebiam a mesma pista, mas o que tinha mais tempo de pausa conseguia usá-la melhor. Conclui-se com isso que a informação muitas vezes precisa ser processada de modo subconsciente ou, em outras palavras, ficar incubada.[2]

Muito já se escreveu sobre epifanias, instantes de compreensão repentina. Toda a literatura interessante sobre esse tema ressalta a importância da espera. Boas ideias levam tempo; elas têm um período de gestação. Para aproveitarmos ao máximo nossa capacidade subconsciente de resolver problemas, devemos colher todas as informações que pudermos sobre eles e então relaxar: talvez dormir um pouco, tomar um banho, dar uma volta ou simplesmente devanear. Enquanto isso o subconsciente continua funcionando, como um computador que zumbe baixinho enquanto realiza cálculos complexos. Então, de repente, uma ideia borbulha até a superfície, aparentemente surgida do nada. Vários cientistas e artistas já relataram esses momentos "eureca" e todos eles seguiram o mesmo padrão: o cérebro recebeu uma tarefa, que foi seguida por uma pausa e, então, bingo, a solução surgiu.

Rita Levi-Montalcini, covencedora do Prêmio Nobel de Fisiologia ou Medicina em 1986, descreveu a experiência da seguinte maneira: "Você pensa sem querer em alguma coisa por muito tempo. Aí, de repente, o problema se abre para você como um clarão e você vê a resposta." Konrad Lorenz, covencedor no Prêmio Nobel de Fisiologia ou Medicina em 1973, também ressaltou a importância da espera: "Você mantém todos os fatos humanos suspensos e espera eles se encaixarem, como num quebra-cabeça. E se você pressiona, [...] se tenta permutar seu conhecimento, nada acontece. É preciso fazer uma espécie de pressão misteriosa, em seguida descansar e, de repente, a solução vem." Em seu livro *Laws of Form* (As leis da forma), o matemático e filósofo George Spencer-Brown explica: "Chegar à verdade mais simples exige anos de contemplação. Não de atividade ou de raciocínio. Nem de cálculo ou de qualquer tipo de ocupação. Nem de leitura ou conversa, esforço ou pensamento. Basta ter em mente aquilo que se deseja saber."[3]

O matemático francês Henri Poincaré contou como a solução de um problema difícil só lhe ocorreu quando ele viajou e foi forçado a deixar o trabalho de lado por alguns dias. "A viagem me levou a esquecer o trabalho de matemática. Quando chegamos a Coutances, na Normandia, entramos em outro ônibus para ir não sei mais para onde. Assim que pisei no primeiro degrau do ônibus a ideia me veio, sem que nada em meus pensamentos anteriores parecesse ter preparado o terreno para ela."[4] De modo parecido, Mozart descreveu como as ideias para uma nova composição pareciam inundar sua mente durante uma caminhada relaxante ou quando ele estava deitado na cama sem conseguir dormir. Ele escutava a composição inteira, não em partes, mas como um todo, completa. E Einstein afirmou que suas melhores ideias lhe vinham quando ele estava sentado com o olhar perdido, ou então quando estava no banheiro.

Até bem recentemente, nosso subconsciente era visto como um porão escuro, um lugar onde ficam guardadas experiências em sua maioria não processadas e traumáticas. Essa visão mudou radicalmente nos últimos anos, com novas descobertas na área da psicologia. Pesquisas neurológicas mostram que a maior parte do nosso pensamento é subconsciente. Ap Dijksterhuis, professor neerlandês de psicologia social, chega a afirmar que a proporção de pensamento consciente em relação ao pensamento subconsciente é de 1 para 200 mil. Para expressar isso em termos de distância, se nossa consciência equivalesse a 1 metro, o subconsciente seria mais ou menos equivalente a 200 quilômetros.

Podemos desempenhar as competências mais complexas sem precisar pensar nelas de modo consciente. Pense em como podemos passar minutos dirigindo sem pensar e então "acordar" com um susto quando um ciclista ou uma criança de repente se aproxima da pista. A pergunta interessante é: quem ou o que nos leva a despertar nesse instante? Não é nossa consciência;

essa estava em outro lugar. Da mesma forma, podemos perguntar: quem ou o que levou Poincaré a ter um insight quando estava pegando um ônibus na Normandia? Ele "pensou" nesse insight? É claro que não; ele não estava pensando em absolutamente nada. A sacada veio de seu subconsciente. Se aprendermos a ter mais fé nessa inteligência intuitiva, ganharemos um maior acesso a uma fonte inesgotável de criatividade. Afinal, nossa espécie teve imenso sucesso durante dezenas de milhares de anos de evolução sem linguagem ou pensamento consciente de alto nível. Para acessar o poder do subconsciente, a habilidade da espera é particularmente importante. Quanto mais pressionamos a nós mesmos para resolver questões complexas num curto espaço de tempo, em geral pior é o desfecho.

A estratégia da espera é de certa forma a mais fácil, mas pode ser difícil colocá-la em prática porque tendemos a querer agir diante de um problema. Assim, tenha em mente a sabedoria do agricultor da parábola chinesa, que esperou para ver se um cavalo selvagem ou a perna quebrada de um filho poderiam ter um lado bom.

# Estratégia da potencialização

*O cara que inventou a primeira roda era um idiota. O cara
que inventou as outras três, esse, sim, era um gênio.*

– SID CAESAR

Digamos que uma empresa tenha acabado de fazer sua primeira pesquisa
de satisfação junto aos clientes. A pesquisa mostra que 93% estão satisfeitos
ou muito satisfeitos. O que mais a empresa deveria querer saber?

A terceira estratégia do flip thinking, a *potencialização*, olha para o
que está indo bem e como podemos aproveitar isso. Trata-se basicamente
de olhar para o que está dando certo e continuar fazendo a mesma coisa.
Apesar de essa ser uma estratégia muito simples, ou quem sabe justamente
por isso, atrevo-me a dizer que ela é a mais subestimada de todas. Muitas
pessoas cometem o grave erro de pensar que se algo é simples, então por
definição não é inteligente. Além disso, essa estratégia costuma ser subestimada não porque não a entendemos ou não sabemos aplicá-la, mas porque
estamos tão preocupados com o que não está dando certo que muitas vezes
deixamos de olhar para aquilo que está.

Voltemos à pesquisa de satisfação dos clientes. Ela indica que 7% dos
clientes *não* estão satisfeitos. Então a empresa deveria se concentrar em
entender a razão disso? Nesse caso, poderia chegar a 100% de satisfação
ou perto disso. Bem, deixe-me fazer uma pergunta: será que seria mais útil
examinar por que 93% *estão* satisfeitos e se concentrar nas coisas de que
esses clientes gostam? Seria possível até descobrir que, sem querer ou por
acaso, a empresa está fazendo algo que eles simplesmente adoram.

Muitas vezes nos concentramos em tentar resolver os problemas procurando a causa. Por exemplo, podemos tentar curar uma doença procurando saber se ela foi causada por um vírus ou uma bactéria. Uma vez determinada a causa, tentamos erradicá-la. Essa estratégia pode funcionar muito bem e não há nada de errado com ela. É assim que grande parte do sistema de saúde funciona: identificar a doença, encontrar a causa, remover a causa e curar o paciente.

Só que, quando se trata de criar novas oportunidades, essa abordagem não funciona tão bem. Não existe uma linha reta que ligue o que deu errado no passado ao que poderia dar certo no futuro. Pense um pouco. Também poderíamos tentar curar uma doença procurando pessoas que carregam o vírus ou a bactéria, mas por algum motivo não desenvolvem a doença. Como o corpo delas conseguiu se proteger? O que podemos aprender com esses casos? Às vezes existe um caminho mais curto para o sucesso do que procurar a causa do problema: olhar para o que está dando certo.

Essa estratégia de potencialização envolve um retreinamento radical de nossos instintos. Estamos tão convencidos de que precisamos encontrar falhas e causas quando existe um problema (ou mesmo quando não existe problema algum: no nosso exemplo, uma satisfação de 93% é uma ótima notícia) que a ideia de se concentrar nas coisas que estão dando certo parece não apenas ingênua, mas irresponsável. A maioria das pessoas vai resistir, em especial os perfeccionistas. "Olhar para o que está dando certo? Que piada!", dirão elas. "Olhe só que confusão está acontecendo aqui. Devemos cuidar disso primeiro!"

Pois então examinemos de onde vem nossa tendência a querer conhecer a causa de um problema. Steve de Shazer, o saudoso psicoterapeuta e criador da terapia focada em soluções, vai direto ao xis da questão e resume nossos erros de raciocínio: "As causas dos problemas podem ser extremamente complexas, mas suas soluções não precisam necessariamente ser."[1] Em outras palavras, as causas dos problemas muitas vezes não são o mero oposto das causas do sucesso. Mesmo assim, é isso que pensamos, conscientemente ou não. Algo em nós diz que se soubermos como *não* fazer alguma coisa, então automaticamente saberemos como essa coisa *deveria* ser feita. Dito assim pode parecer lógico, mas não faz o menor sentido. Saber como fazer as coisas do jeito certo é mais do que apenas entender o que pode dar errado. Do contrário, você poderia se tornar medalhista olímpico de esqui estudando acidentes nesse esporte.

A capacidade de enfocar nossas fraquezas e nos esforçarmos para melhorá-las é considerada por muita gente uma virtude. Chamamos isso de autocrítica ou desenvolvimento pessoal saudável, e julgamos ser mais admirável nos concentrarmos naquilo que ainda precisamos aprender do que nos talentos que já temos. Não há nada de errado em remediar nossas deficiências ou tentar entender por que as coisas não estão funcionando direito, contanto que isso não nos leve a ignorar o que está dando certo.

Se estivermos ajudando pessoas cegas, é claro que é importante nos concentrarmos nas coisas que elas não conseguem fazer, ou pelo menos não conseguem fazer com facilidade, para podermos tornar essas tarefas mais fáceis. Nesse caso, porém, o flip thinking envolveria enfocar as coisas que elas *conseguem* fazer. Por exemplo, a cegueira tende a reforçar os outros sentidos. Um exemplo disso é o fato de a leitura em braile aguçar a sensibilidade do tato. O projeto alemão Discovering Hands, criado pelo ginecologista Frank Hoffmann, fez um uso genial desse talento. O instituto treina mulheres cegas para detectarem câncer de mama em estágio inicial em outras mulheres; seus dedos são como aparelhos vivos de ultrassom. O resultado? Graças ao seu tato aguçado, essas mulheres cegas são capazes de detectar tumores de apenas 4 a 6 milímetros, enquanto profissionais de medicina treinados só conseguem detectar os que têm 1 a 2 centímetros. A diferença é vital e muitas vezes pode salvar vidas. Um projeto de pesquisa conduzido em 2022 na Áustria pela Joanneum Research revelou que as especialistas em palpação do Discovering Hands encontram duas vezes mais tumores do que médicos e médicas que enxergam. As perspectivas, portanto, são mais que promissoras para todos os envolvidos. Como afirmou uma das participantes do projeto: "Pela primeira vez na vida não sou vista como alguém com deficiências e limitações, mas como uma pessoa dotada de um talento excepcional."[2]

As pesquisas sobre o conceito de "pensar em oportunidades" ainda estão começando na área de psicologia. Martin Seligman, um dos mais renomados psicólogos do mundo e líder do movimento Psicologia Positiva, assinala que um a cada cem artigos escritos por psicólogos tem como tema a felicidade. Os outros 99% se referem à infelicidade ou suas causas. Ele é contrário à tendência de psicólogos e psiquiatras a atribuir o comportamento das pessoas, até mesmo um comportamento que lhes trouxe sucesso, a alguma patologia. Ele cita o exemplo de como a personalidade de Bill Gates, focada no desempenho, foi associada a um desejo de ser mais bem-sucedido que o próprio pai. Esse foco no negativo nada mais é que uma *oportunidade perdida*. Segundo Seligman: "Se tudo que você faz é retirar a psicopatologia, o resultado não é uma pessoa feliz; é uma pessoa vazia."[3] Seu argumento, portanto, é que a questão central da psicologia não deveria ser "Como podemos tornar o infortúnio suportável?", mas "Como podemos gerar felicidade?".

O efeito da estratégia da potencialização é extraordinário. Um estudo famoso sobre o poder dessa estratégia, publicado com o título *Pygmalion in the Classroom* (Pigmalião na sala de aula), foi conduzido por Robert Rosenthal e Lenore Jacobson em 1965. Os pesquisadores avaliaram a relação entre as expectativas que os professores tinham dos alunos e o seu desempenho escolar. Fizeram listas de alunos de cada turma e aleatoriamente acrescentaram descrições inteiramente fabricadas sobre seu nível de habilidade, coisas do tipo "Marie é muito inteligente", ou "John às vezes tem certa dificuldade para acompanhar a turma". No início do ano letivo, as listas foram distribuídas para os docentes dessas turmas. O estudo revelou que se por causa da lista algum professor partisse do pressuposto de que Marie era muito inteligente – enquanto a menina na verdade era uma aluna mediana –, ele teria expectativas maiores em relação a Marie, o que acarretaria um melhor desempenho. E vice-versa. Os professores tendiam a se concentrar menos em alunos descritos como não muito inteligentes, fazendo-lhes menos perguntas, estabelecendo menos contato visual e sendo menos exigentes. Com o tempo, o desempenho desses alunos foi caindo. A pesquisa de Rosenthal causou bastante comoção. A correlação entre a expectativa dos docentes e o desempenho dos alunos se revelou tão forte que esses métodos de pesquisa chegam a ser proibidos em alguns países.

A espiral *ascendente* da potencialização (o professor acha o aluno inteligente, o aluno se comporta de acordo com essa avaliação, a suposição do docente é confirmada e assim por diante) é um ótimo exemplo daquilo que os teóricos de sistemas denominam círculo de feedback positivo. Outro exemplo é o efeito positivo que um boca a boca pode ter no aumento das vendas. As tendências da moda são muitas vezes resultado de um processo de potencialização contínua. Nesses círculos positivos, pequenas intervenções num sistema podem acabar acarretando enormes mudanças, à medida que o sistema potencializa constantemente a si mesmo.

Para ilustrar melhor esse processo de potencialização, os teóricos de sistemas se inspiraram numa cantiga infantil francesa sobre um lago com ninfeias. Todo dia a quantidade de ninfeias dobra, e um mês depois o laguinho está inteiramente coberto de plantas. Agora me diga: em que momento o laguinho estava coberto apenas pela metade? No dia 29! Qual era a quantidade de cobertura no dia 15, a meio caminho do processo? A resposta é desconcertante. Nesse ponto, o laguinho só estava 0,003% coberto. Num círculo positivo, uma mudança inicial pequena, quase imperceptível, pode ocasionar um desfecho retumbante.

Eis outra forma de avaliar esse efeito. Quantas vezes você acha que precisaria dobrar ao meio um pedaço de papel normal – com a espessura da página de um livro – até torná-lo grosso o bastante para alcançar a lua? Só para você saber, a distância entre a Terra e a lua é de cerca de 384 mil quilômetros. Dê um chute. Cem vezes? Mil? Dez mil? Guarde essa pergunta; adiante darei a resposta...

É claro que as espirais *descendentes* também ocorrem, como nas quedas do mercado de ações. Os preços das ações caem e mais pessoas decidem vender suas ações, o que leva o preço a cair ainda mais, e de repente as pessoas começam a largar suas ações todas juntas. Como a potencialização pode passar tanto tempo quase invisível, muitas vezes um grande desdobramento parece surgir de uma vez só, do nada, enquanto na verdade já estava se preparando havia algum tempo. A queda "repentina" do Muro de Berlim pode ser explicada, em parte, por um processo de descontentamento potencializado que durou muitos anos. Para alguns de nós, a internet parece ter surgido subitamente depois que a World Wide Web e os sites foram criados. Só que a internet vinha sendo desenvolvida havia muitos anos, usada sobretudo por nerds da área de tecnologia. Muitas invenções parecem surgir assim. Elas vão se desenvolvendo a partir de uma primeira versão que quase não causa efeito algum e de repente vêm à tona transformando todo um mercado. Após o advento do fax, o telex desapareceu em seis meses. O mesmo aconteceu depois com o fax, com advento dos computadores e dos e-mails. Da mesma forma, os LPs foram rapidamente substituídos com o surgimento das fitas cassete, que foram sumindo à medida que os CDs ganharam espaço; os CDs, por sua vez, foram suplantados pelo download ilegal de arquivos MP3, que por sua vez foram suplantados por plataformas, como o Spotify. As empresas de telefonia não tinham o menor interesse em celulares antes de 1990. Hoje, crianças de 8 anos ganham no Natal smartphones contendo aplicativos e outros programas que elas entendem, mas seus pais, não. Todas essas mudanças "revolucionárias" foram na verdade resultado de um processo de crescimento a longo prazo e invisível para a maioria de nós. Uma potencialização silenciosa, porém paciente e persistente. Deveríamos sempre lembrar que, depois de quinze dias de crescimento das ninfeias, apenas 0,003% do laguinho estava coberto.

Mas de que maneira os sistemas de feedback positivo são relevantes para o flip thinking? Bem, acentuar os aspectos positivos pode conduzir a enormes melhorias em todas as áreas. Sempre que pessoas trabalham e vivem juntas, elas interagem para formar sistemas, o que significa que pequenas e repetidas potencializações positivas podem gerar um efeito gigantesco. O guru da administração Tom Peters tem o seguinte a dizer sobre esse tema:

> O reforço positivo [...] tem um lado intrigante, meio zen. Ele incentiva coisas boas a entrarem em pauta em vez de retirar coisas da pauta. A impressão que temos é que a maioria dos gestores sabe muito pouco sobre o valor do reforço positivo. Muitos parecem não valorizá-lo ou então considerá-lo inferior, indigno, não muito másculo.[4]

Minha empresa certa vez organizou um workshop para os funcionários de uma escola de ensino médio em Veghel, nos Países Baixos. Nós lhes perguntamos o que eles tinham feito bem nos últimos anos. Uma das coisas da qual eles diziam se orgulhar era um projeto um pouco fora do comum. Uma das turmas, formada em grande parte por alunos imigrantes, tinha uma relação difícil com o corpo docente. Os alunos diziam que os professores os tratavam com negligência, e os professores achavam que os alunos reagiam de modo defensivo às suas instruções. Os professores muitas vezes perdiam a paciência com essa turma, fato que os alunos enxergavam como prova de que os professores "não gostavam deles". Funcionários e alunos estavam numa espiral descendente, e os docentes decidiram tentar rompê-la. Combinaram que, durante um mês, todos fariam elogios sinceros e frequentes a essa turma, tanto a alunos específicos quanto ao grupo como um todo. Os elogios não foram inventados, mas baseados num reconhecimento autêntico de bom desempenho. Em duas semanas, segundo eles, o clima na turma tinha mudado completamente. Ao final do ano letivo, um dos alunos disse, orgulhoso, a seu mentor:

– Somos a melhor turma que esta escola teve em muito tempo, não é, professor?

E o mentor só pôde concordar.

Infelizmente, nem sempre dar feedback positivo é algo natural. Desde muito cedo somos treinados a enfocar os pontos negativos, como os perigos que podemos encontrar. Pense na maneira como uma mãe preocupada muitas vezes fala com os filhos, usando expressões e alertas do tipo "Não mexa nisso" e "Cuidado". Assim, desde a mais tenra idade, aprendemos a procurar especificamente aquilo que *não* é bom. Isso inclui o que não é bom em nós mesmos. Tendemos a nos concentrar nas coisas que precisamos melhorar em nós, e com grande frequência fazemos a mesma coisa com os outros, em casa e no trabalho.

Uma das melhores histórias que encontrei durante as pesquisas para este livro foi a de uma grande mudança cultural na empresa Avon México. Essa história ilustra muito bem que, quando tentamos resolver um problema enfocando aquilo que *não funciona* e buscando os motivos do fracasso, podemos acabar numa espiral negativa, enquanto potencializar aquilo que *funciona* provavelmente dá início a uma espiral ascendente.

Durante anos a Avon México foi assolada por queixas de assédio sexual, desigualdade entre os gêneros e cultura machista. Uma empresa de consultoria nova-iorquina foi chamada, mas tudo que ela fazia parecia contraproducente. Após dois anos de programas de treinamento, o número de queixas e processos só aumentou. As avaliações dos programas de treinamento por parte dos funcionários eram negativas, e a quantidade de pessoas que participava dos workshops acabou despencando. Então a empresa de consultoria decidiu tentar outra abordagem. Em 1995, os consultores recorreram a Diana Whitney e David L. Cooperrider, especialistas na técnica de "investigação apreciativa", para que eles ajudassem naquela situação.

Whitney e Cooperrider começaram o trabalho questionando o que estava dando certo na empresa. Aos funcionários que se declaravam satisfeitos com a colaboração entre homens e mulheres foi pedido que formassem duplas – um homem e uma mulher –, e foi explicado que desejavam entrevistá-los a respeito do que estava dando certo. A empresa esperava que no máximo dez duplas se inscrevessem, mas centenas se apresentaram. Graças a essas conversas, coletou-se uma série de propostas para melhorar a cultura da empresa, e os resultados foram fenomenais. Os problemas foram resolvidos? Não, foi muito mais que isso: a cultura sofreu uma transformação tão positiva que apenas dois anos depois, em 1997, a Avon México foi agraciada com o Prêmio Catalisador por ser o melhor lugar no país para mulheres trabalharem. Uma conquista sem precedentes.[5]

No futuro, sempre que estiver diante de um problema, pense em como poderia resolvê-lo concentrando-se nos pontos positivos e os potencializando. Digamos que você esteja tentando entender por que algumas pessoas cometem crimes. Por que não começar perguntando a si mesmo por que tanta gente respeita as regras?[6]

Em que momentos a estratégia da potencialização é mais eficaz? Existem basicamente três situações em que ela se mostra a saída ideal. Em todas as três, é possível haver um efeito alavanca: uma pequena potencialização pode produzir uma grande mudança. Primeiro vêm as situações nas quais existe um *equilíbrio delicado*. Pense numa balança que vai pender bastante para um lado ou o outro se apenas um pequeno peso for colocado no prato. Isso vale para muitas disputas eleitorais em sistemas políticos: um número ínfimo de votos pode representar a diferença entre a vitória e a derrota.

Em segundo lugar vêm as situações que podem exigir uma metamorfose, uma transição relativamente súbita. As condições da mudança podem já estar se desenvolvendo há algum tempo, mas em algum momento chega-se a um ponto de virada, como quando uma água que vem resfriando devagar se transforma rapidamente em gelo ao alcançar 0°C. As revoluções sociais também são um bom exemplo disso.

A última situação ideal é quando um *sistema* precisa de um círculo de feedback positivo. Times que vêm jogando mal há algum tempo podem de repente entrar numa série de vitórias após ganhar uma partida. A reação positiva dos torcedores e da imprensa aumenta o moral do time, os jogadores por sua vez se esforçam mais e também ganham a partida seguinte, e assim por diante.

Por fim, duas coisas.

Em primeiro lugar, vejamos um exemplo de como podemos incentivar um bom comportamento dando ênfase a ele. Os visitantes do Parque Nacional da Floresta Petrificada, no Arizona, estavam levando de lá pedaços de madeira para guardar de lembrança. Para tentar impedir isso, os funcionários do parque tinham pregado cartazes que diziam: "Seu patrimônio está sendo vandalizado diariamente. Estamos perdendo catorze toneladas de madeira por ano por causa de furtos, um pedacinho de cada vez." Mas o comportamento persistiu. Em 2002, o professor de psicologia e marketing Robert B. Cialdini, especializado em ciência do convencimento, foi chamado para encontrar uma solução mais eficaz. Ele e sua equipe chegaram à conclusão de que as placas que descreviam a gravidade e a escala do problema eram contraproducentes. Na verdade, pessoas que nem sequer teriam cogitado levar um pedacinho da preciosa madeira agora pensavam: *Por que não? Todo mundo faz isso!* Cialdini e sua equipe testaram então diversas versões para a placa, que passou a dizer: "Por favor, não retire madeira petrificada do parque, para preservar o estado natural da Floresta Petrificada." Indicar às pessoas que elas poderiam fazer uma boa e importante ação coletiva levou a um número significativamente menor de furtos.[7]

E, por fim, antes que eu me esqueça: para entendermos de vez o poder da potencialização, voltemos à minha questão sobre quantas vezes um pedaço de papel precisa ser dobrado ao meio para alcançar a lua. A resposta é: apenas 42 vezes. Na verdade, esse número de vezes faria com que você ultrapassasse a lua em 55.804 quilômetros. Parece loucura, não? Como no caso das ninfeias, no início a espessura do papel não parece nem de longe capaz de se estender tanto. Depois de oito dobraduras, a espessura é de apenas 2,5 centímetros, e com dezesseis dobraduras, de apenas 6,5 metros. Mas o poder da duplicação é tal que, na quadragésima dobradura, você já percorreu um quarto do caminho, então na 41ª chegou à metade e pronto! Mais uma dobradura e você estará na lua.[8]

# Estratégia do respeito

*As pessoas estão dispostas a tudo. Menos a serem
completamente levadas a sério.*

Todos nós as conhecemos: aquelas músicas – ou, melhor, aqueles trechos de música – que não saem da nossa cabeça. Quanto mais a gente tenta, mais elas simplesmente aparecem e nos levam à loucura. Em musicologia isso se chama "vermes de ouvido", a famosa música-chiclete, e o musicólogo da Universidade de Amsterdã Henkjan Honing assinala que em geral se trata de trechos particularmente interessantes, que se destacam em músicas com melodia e ritmo bem simples, criando uma tensão harmônica. O melhor é não tentar resistir. O conselho de Honing é combater o mal com o mal. Cante a música inteira *a plenos pulmões*, até o fim. Isso pelo visto resolve a tensão harmônica e liberta sua mente do poder do verme de ouvido.

Já vimos que a resistência costuma tornar um problema maior ainda e que a aceitação pode nos ajudar a transformá-lo. A estratégia do respeito leva a aceitação um passo além. Essa quarta e última estratégia do grupo "Amar" tem duas características que a definem. A primeira é que ela está sempre relacionada a questões com outra pessoa ou um grupo de pessoas, ou seja, sempre há um elemento de interação humana. A segunda é que a estratégia vai além de aceitar o comportamento de alguém e envolve participar desse comportamento, de tal maneira que a outra pessoa tenha plena consciência da nossa aceitação. Assim, não se trata apenas de aceitarmos a pessoa, mas de respeitá-la claramente, *mostrando* que a aceitamos.

Eis um ótimo exemplo compartilhado comigo por meu amigo Jan, que conduz programas de treinamento em educação. Ele recordou:

– Numa das escolas em que dou treinamento, há uma mulher muito simpática que sempre me cumprimenta, e ela faz uma coisa que não me agrada nem um pouco: toda vez, antes de eu começar uma aula, ela limpa uma sujeira imaginária do meu paletó. Na verdade não há nada de errado nisso, mas esse hábito me incomodava muito. Lembrava minha mãe, que costumava fazer a mesma coisa. Certo dia de manhã, decidi olhar para esse hábito com outros olhos e fingi ter gostado. Depois de ela limpar minhas lapelas, virei o corpo e pedi: "Pode tirar as sujeirinhas das costas também, por favor?" Ela me olhou de um jeito engraçado, mas fez de bom grado o que eu estava pedindo. Foi ótimo, como quando você vai ao cabeleireiro e eles tiram os fiapos de cabelo da sua roupa. Tornei a me virar. "Ah, agora na calça", sugeri, levantando a perna. Achando graça da minha provocação, ela limpou alegremente minha calça. Antes de eu continuar, ela riu e disse que já estava bom.[1]

Esse meu amigo é realmente um mestre em aplicar a estratégia do respeito. Alguns anos atrás, ele comprou uma gata para a filha. Nem uma semana tinha se passado quando, para o assombro do meu amigo, a gata comeu um peixe do pequeno lago do vizinho. O homem já estava à beira do colapso quando meu amigo disse:

– Puxa, isso é terrível! Talvez a gente tenha que sacrificar a gatinha...

A fúria do vizinho evaporou na mesma hora:

– Ah, não, não precisa! Não é tão grave assim.

O verbo "respeitar" é interpretado de modo distinto em diferentes culturas. Em algumas significa deferência ou veneração (aos mais velhos, aos líderes, a um pai ou uma mãe), enquanto em outras significa agir com integridade no trato com os outros. Na raiz da palavra, porém, está um significado que se adéqua perfeitamente ao nosso debate. A palavra vem do latim e consiste numa combinação de *re* (novamente, outra vez) e *spectare* (olhar, ver, enxergar). Assim, respeitar é como ser um espelho para a outra pessoa: ela se vê em nós, refletida em nós. Sente que a compreendemos e a reconhecemos.

Há muitas formas de respeito. A mais básica é o *reconhecimento*. Trata-se de mostrar à outra pessoa que aceitamos o que ela pensa, sente e é.

Integralmente. Sem censura, comentário ou crítica. Aceitamos o outro profundamente e, o mais importante, o outro sabe disso, porque deixamos bem claro. Todos nós talvez já tenhamos dito algo como "Ah, mas eu sempre amei você, só não dizia". Reconhecer tem a ver com *demonstrar*, seja com palavras ou com gestos claros, como um abraço. Reconhecer é uma ação interativa.

Reconhecer alguém nem sempre é fácil, especialmente quando o comportamento da pessoa é problemático. O terapeuta de família Téo Visser conta a história de um jovem paciente que tinha sido preso por quebrar as vidraças da própria casa. Ele recorda: "Eu não sou um agente da lei; meu papel é ajudar. Minha intenção era entender aquele jovem. Então lhe perguntei: 'O que você queria mesmo era se expressar, não era?' O garoto ficou espantado, porque estava esperando uma bronca. Ele se sentiu reconhecido e começou a falar."

E qual era a história? Na verdade o lar desse menino estava sendo assolado pela violência doméstica, então Visser disse isso à polícia e foram juntos até a casa do jovem. "Atravessamos a janela quebrada da casa e parabenizamos os pais por terem um filho tão bom", segue contando Visser. Ele deixou claro para os pais que a janela quebrada era um protesto contra a violência em casa e um pedido de ajuda. "'Vamos conversar?', perguntei aos pais." Escutar e entender é o cerne da sua abordagem. "Não se chega a um entendimento repreendendo um jovem como esse e dizendo que ele não presta", conclui Visser.[2]

Reconhecer é mais do que respeitar o que alguém sente e pensa: tem a ver também com respeitar como alguém é. Cada um é de um jeito. Todos temos personalidades, qualidades e competências distintas. Reconhecer as pessoas envolve aceitar todas essas diferenças, até mesmo as peculiaridades de cada um. Adoro a história enviada para mim por uma mãe que tinha passado anos travando uma batalha feroz com o filho de 13 anos, que tinha síndrome de Asperger e não gostava de trocar a cueca. O menino achava que trocar a cueca todo dia era totalmente desnecessário e que tudo bem usar a mesma peça por cinco dias ou mais. Ele também era bem específico em relação à cueca que usava. Certo dia, quando ambos saíram para comprar cuecas novas, a mãe o levou a todo tipo de lojas à procura de alguma que agradasse o filho, mas ele rejeitou todos os modelos. Ela estava quase desistindo quando tentou uma última loja. E o que eles encontraram? Um conjunto de sete cuecas, cada uma estampada com o nome de um dia da semana. Problema resolvido! Essas cuecas reconheciam a necessidade do filho de viver segundo uma estrutura fixa, e daí em diante ele trocou a cueca todos os dias sem nem precisar ser lembrado.

Uma segunda forma de demonstrar respeito é simplesmente *dar às pessoas o que elas querem*. Isso pode ter um efeito muito desconcertante, principalmente se você lhes der mais do que elas esperam. Hasan Elahi é um artista americano nascido em Bangladesh que aterrissou no aeroporto de Detroit em junho de 2002 e foi chamado pelo FBI para ser interrogado, num incidente claro de perfilamento racial.

– Onde o senhor estava? – perguntou o agente. – O que foi fazer lá? Onde estava no dia 12 de setembro de 2001?

Elahi respondeu consultando as informações em sua meticulosa agenda eletrônica. Respondeu que estava dando aula no dia 12 de setembro e que tinha ido pagar o aluguel do seu guarda-móveis.

– O que o senhor tem no guarda-móveis? – quis saber o agente.

– Roupas de inverno e alguns móveis que não estou usando no momento.

– Nenhum explosivo? – foi a pergunta seguinte.

O interrogatório durou uma hora e meia e, graças a seus numerosos registros na agenda, Elahi respondeu de maneira incrivelmente detalhada. Por fim, ele recebeu permissão para ir para casa, mas com a ordem de se apresentar num escritório do FBI várias outras vezes ao longo dos seis meses seguintes para novos interrogatórios, nos quais lhe perguntaram sobre suas atividades até os mínimos detalhes. Ele teve inclusive que passar por um detector de mentiras. Os interrogatórios acabaram cessando, mas o FBI lhe pediu que avisasse se tivesse planos de viajar. Em vez de reagir a todos esses interrogatórios com raiva, reação que seria inteiramente justificada, Elahi decidiu respeitar as perguntas do FBI. E não só isso: recorreu ao flip thinking.

Ele começou a dar ao FBI mais informações sobre suas atividades do que a agência jamais poderia ter imaginado. Como viajava com frequência a trabalho, a cada viagem ele lhes telefonava para dar as informações do seu voo. Então começou a lhes escrever e-mails, que com o tempo foram se tornando cada vez mais detalhados, incluindo fotos, dicas de viagem e links para sites de turismo. Por fim, criou um site no qual registrava meticulosamente suas atividades nos mínimos detalhes, inclusive com fotos das refeições que fazia a bordo, das lojas onde fazia compras e das comidas que consumia, e até mesmo dos banheiros que usava, dos postos onde abastecia seu carro e assim por diante. Com essa atitude, Elahi encontrou um caminho para criar um novo e surpreendente formato artístico, que ele descreveu num TED Talk e o alçou à fama.* Ele não só atendeu às exigências do FBI como encontrou um jeito de expor a complexidade dos interrogatórios aos quais fora submetido e se posicionar contundentemente sobre como estamos vivendo numa cultura de vigilância. A estratégia do respeito pode ser usada para virar o jogo e levar alguém a refletir sobre o próprio comportamento.

Às vezes pode ser muito revigorante dizer um "sim" autêntico e sincero, ao invés de um "não" categórico, quando as pessoas nos pedem algo que julgamos inadequado, estranho ou irritante. Isso pode até ser mais agradável para nós do que para a outra pessoa. Uma professora entrou em contato comigo para contar como havia usado essa estratégia para lidar com um aluno malcomportado.

– Uns dois anos atrás – contou ela –, quando eu ainda trabalhava numa escola para crianças com graves dificuldades de aprendizado, havia um menino na sala que costumava arrotar bem alto.

Segundo a professora, ele soltava um arroto a cada cinco minutos mais ou menos, e as outras crianças adoravam e começaram a imitá-lo. Arrotar virou o esporte da turma.

– Eu não gosto de arrotos – disse a professora. – Mais do que isso: eu realmente detesto. Só que proibir não adiantou. Ficar zangada ou castigar os alunos também não. Foi então que tive a ideia de fazer um concurso de arrotos toda sexta-feira à tarde.

Ela me contou que o aluno que desse o arroto mais prolongado receberia como prêmio um copo de refrigerante em vez do suco verde que as outras crianças tomavam.

---

* A ironia é que, apesar dessa avalanche de informações factuais, ainda não se sabe muito sobre o próprio Hasan Elahi. Quem é ele? O que o motiva? O que ele pensa ou sente? Conclusão de Elahi: "A melhor forma de manter sua privacidade é abrindo mão dela."

– Não ouvi mais um único arroto fora de hora durante o resto do ano – relata ela. – Só nas tardes de sexta, por dez minutos. A melhor parte foi que isso também me ensinou a arrotar superbem.

É claro que o efeito de um "sim" surpreendente também pode ter um profundo impacto na pessoa que pediu algo inadequado. Por exemplo, quando um ladrão invadiu uma casa em Schwanewede, na Alemanha, e ameaçou a babá com uma pistola, as duas crianças pequenas de quem ela estava cuidando lhe ofereceram seus cofrinhos. Estarrecido, o ladrão guardou a pistola no bolso e foi embora sem dizer nada.[3]

Uma terceira variação da estratégia do respeito é *concordar* com uma afirmação da qual você na verdade discorda. Isso pode ser um jiu-jítsu mental extraordinariamente eficaz. O poder vem do fato de as pessoas nem sempre quererem dizer o que estão dizendo e nem sempre terem noção de que estão incomodando os outros. Podemos usar essa contradição para revelar o contraste entre o que a pessoa diz e o que ela realmente pensa, o que muitas vezes promove uma grande virada na situação.

Imagine o seguinte exemplo. Uma mãe adotiva está cuidando temporariamente de um menino de 10 anos junto do próprio filho biológico de 3. Apesar da diferença de sete anos, os dois se dão muito bem. Só que um dia o filho adotivo diz a essa mãe:

– Se eu for para outra família depois ou voltar para minha mãe biológica, vai ser ótimo porque não vou mais ter que aturar um irmãozinho tão chato.

A mãe se sente apunhalada no coração. Como o menino podia pensar assim? Os dois pareciam se divertir tanto juntos. Mais tarde, quando está pondo o filho adotivo para dormir, ela lhe diz:

– É uma pena seu irmãozinho incomodá-lo tanto. Isso não é bom. Talvez seja melhor vocês passarem uma semana sem brincar juntos.

O filho adotivo a encara com os olhos esbugalhados, seu lábio inferior começa a tremer e lágrimas brotam dos seus olhos.

– Não! – responde ele, dizendo que o irmãozinho é muito fofo e perguntando se podem brincar juntos de novo no dia seguinte.

As pessoas muitas vezes dizem coisas que na verdade não pensam, em parte por pressuporem que os outros não vão dar muita atenção, ou por estarem na verdade querendo um elogio ou algum apoio emocional. Se alguém diz "Acho que não vou conseguir", por educação nossa tendência é retrucar na mesma hora: "É claro que vai!" Mas temos que admitir que isso é cansativo quando vira um padrão. Se for esse o caso, da próxima vez tente levar a sério o que a pessoa está dizendo. Se ela disser "Acho que não vou conseguir", reaja dizendo algo como: "Bem, talvez seja sonhar um pouco alto demais." De repente a pessoa vai começar a apresentar motivos pelos quais talvez consiga, sim, fazer o que quer que seja.

Essa técnica funciona bem também com as afirmações absurdas e muitas vezes bombásticas que as pessoas fazem. Tentar combater o absurdo com racionalidade é apenas contraproducente. Às vezes é melhor abraçar o absurdo. Considere a história de um passageiro de avião que não queria afivelar o cinto para a decolagem. A comissária de bordo lhe pergunta por quê, e ele responde:

– Eu sou o Super-Homem. Nada pode me ferir.

Sem demonstrar nem um pingo de irritação, a comissária retruca:

– O Super-Homem nunca estaria sentado aí. Ele estaria voando.

O homem então ri e afivela o cinto.[4]

O ator John Cleese, um dos integrantes do grupo inglês Monty Python, contou uma história sobre uma ocasião em que a mãe estava profundamente deprimida.

– Queria poder fazer alguma coisa – disse ele à mãe. – O que posso fazer para ajudar você?

Ela respondeu que era muita gentileza, mas que não havia nada que ele pudesse fazer. Ela simplesmente estava deprimida e nada poderia mudar isso. Ele contornou a situação ao responder:

– Tive uma ideia. Se você ainda estiver se sentindo assim na semana que vem, eu conheço um sujeito que mora aqui em Londres e poderia vir te matar. Basta ligar para ele. Aí você estaria morta e não ficaria mais deprimida.

Depois de um silêncio curto e estupefato, a mãe desatou a rir. Desse dia em diante, ele e a mãe criaram uma rotina. Se ela estivesse se sentindo meio para baixo, ele perguntava: "Quer que eu ligue para o sujeito?", e ela respondia: "Ah, não, querido, tenho uma festa na quinta."[5]

Você também pode usar a estratégia do respeito para *conectar-se* com as pessoas de um modo profundo e surpreendente. Em 2004, como parte do festival "Roterdã, Capital Europeia da Cultura", trabalhei num projeto de teatro com pessoas em situação de rua no qual elas contavam suas histórias de vida. Durante os ensaios, uma das participantes, Francisca, foi ficando claramente estressada em relação ao processo e certo dia despejou o que a vinha incomodando:

– Acho que você está falando de mim pelas costas – disse ela. – Fico sentindo como se eu não devesse estar aqui.

A reação normal seria negar a acusação, mas resolvi concordar:

– É, tem razão, eu ligo todo dia para minha companheira para falar mal de você. Ah, e ligo para minha mãe também.

– Você está zombando de mim? – retrucou ela, com raiva.

– Claro – respondi –, mas se você disser que há patos sobrevoando aquela mesa ali, então é porque há patos sobrevoando a mesa. Problema nenhum. – Ela não disse nada, e continuei: – O fato de você não confiar nas pessoas talvez seja uma questão psicológica. Não sou especialista. O que eu sei é que, mesmo incomodada, você pertence cem por cento a este lugar. – Pude ver que ela estava se esforçando ao máximo para parecer zangada, então fui mais longe ainda: – Olha, eu quero ajudar você. Que tal o seguinte: vamos pedir a todos que formem uma roda e digam, um por um, por que seu lugar não é aqui. Preparada?

Então cada um disse o que tinha a dizer.

– Eu acho a Francisca muito irritante – falou a primeira pessoa.

– Eu não gosto dela e pronto, é só por isso – disse a segunda.

Quando demos uma volta inteira e chegou a vez de Francisca, perguntei:

– Então o que você acha? A Francisca deve permanecer no grupo?

A essa altura ela já tinha entendido o que eu estava fazendo. Com a voz mais séria do mundo, respondeu:

– Eu acho a Francisca uma pessoa horrível, mas a gente deveria dar a ela o benefício da dúvida.

O grupo inteiro irrompeu em aplausos. Ela então começou a rir. Francisca ficou na peça e, com sua história de vida trágica, comovente e bizarra, causou um impacto inesquecível em muita gente.

Uma última variante da estratégia do respeito se apoia em nossa forte necessidade psicológica de *consistência interior*. Gostamos de nos ver como seres lógicos, coerentes, corretos. Detestamos ser repreendidos por comportamentos contraditórios. O juiz que julgou o caso de Mohammed

B., o homem condenado pelo assassinato do cineasta neerlandês Theo van Gogh, conseguiu fazer Mohammed romper seu silêncio no tribunal com essa técnica. Mohammed tinha feito uma confissão completa e emitido uma declaração em que dizia estar preparado para cumprir sua pena, mas que não debateria seus atos no tribunal. Argumentou que não tinha contas a prestar ao tribunal, que este era uma instituição dos "infiéis dos Países Baixos", e manteve total silêncio ao longo dos procedimentos legais.

O procurador público, Koos Plooij, demonstrou um respeito sincero pelos princípios religiosos de Mohammed. Certo dia, no tribunal, ele disse ao réu:

– O senhor achava Theo van Gogh um mau muçulmano. Mas é verdade que só Alá, no dia do Juízo Final, tem o poder de decidir quem é bom muçulmano e quem não é? E se for assim, nesse caso, em teoria é possível Alá considerar Theo van Gogh um bom muçulmano?

Depois de ficar calado por um instante, Mohammed respondeu:

– Sim. Em princípio, não posso e não tenho como descartar a possibilidade de eu estar errado.

Ao levar a sério os ensinamentos da fé de Mohammed, Plooij pelo visto conseguiu criar na mente do réu alguma dúvida em relação a quão justificada tinha sido aquela morte.

A estratégia do respeito pode evidentemente ser aplicada de muitas maneiras e em muitas circunstâncias distintas. Terminemos de modo mais leve com um exemplo bem-humorado. Numa entrevista no rádio, a atriz neerlandesa Brigitte Kaandorp relatou que, no início da carreira, ela e uma amiga iam se apresentar toda semana num parque em Amsterdã. Durante uma dessas apresentações, elas viram um homem nos arbustos puxando "sua coisa" para fora da calça e em seguida executando um ato obsceno. Chocadas, as duas recolheram seus pertences e foram embora. Uma semana mais tarde, no mesmo lugar, o homem estava lá fazendo a mesma obscenidade. Só que dessa vez as duas interromperam a apresentação e Brigitte disse com uma voz alegre:

– Senhoras e senhores, há um homem ali no meio dos arbustos que eu acho que quer mostrar um negócio a vocês.

Num piscar de olhos, o homem guardou "sua coisa" e fugiu.[6]

*Estratégias 5 a 7*
**Trabalhar**

Estas estratégias servem para quando um problema exigir muita determinação. Esse tipo de flip thinking tem a ver com aprender por tentativa e erro, com muito treino, disposição e persistência.

# Estratégia da perseverança

*Seu melhor mestre é seu último erro.*

– RALPH NADER

A lâmpada, tal como a conhecemos, não foi inventada da noite para o dia. O princípio da luz incandescente foi descoberto por volta de 1800. Cerca de quarenta anos depois, a Place de la Concorde, em Paris, foi iluminada pelas primeiras lâmpadas de arco voltaico. Mas ainda demoraria algum tempo para lâmpadas incandescentes duradouras e intensas estarem disponíveis. Thomas Alva Edison assumiu o desafio de inventar uma lâmpada incandescente com preço acessível que durasse bastante e fosse adequada para o consumo de massa. No fundo, restava apenas uma coisa a ser descoberta: um material melhor para fazer com que o filamento da lâmpada convertesse eletricidade em luz. Só isso. Para encontrar esse material, Edison colecionou milhares de materiais diferentes vindos de todas as partes do mundo, entre eles todo tipo de juncos e bambus da Amazônia. Seu laboratório ficou abarrotado com as mais estranhas matérias-primas, e todas elas passavam pelo mesmo processo: um a um, os materiais eram carbonizados e em seguida cuidadosamente inseridos num vidro a vácuo. Sua capacidade de converter eletricidade em luz era então avaliada. O material muitas vezes se desintegrava antes mesmo de o interruptor ser acionado. Edison passou anos testando materiais. Um trabalho cansativo e sem graça. Até que, um belo dia, ele encontrou o que queria: algodão carbonizado. A lâmpada moderna tinha nascido. Sobre seus muitos anos de experimentos, Edison disse o seguinte: "Eu não fracassei. Apenas descobri 10 mil maneiras que não funcionavam."

Essa afirmação descreve exatamente o flip thinking obtido por meio da *estratégia da perseverança*. Quando um experimento prova que uma ideia não funciona, esse experimento é um sucesso.

A estratégia da perseverança reconhece que, muitas vezes, solucionar problemas não é um processo lógico nem linear. Não se trata de continuar somando ou subtraindo; quem dera fosse simples assim. Edison entendeu que só podemos descobrir soluções bem-sucedidas por meio de experimentos constantes. Foi ele quem cunhou a famosa frase: "Genialidade é 1% inspiração e 99% transpiração." Em determinado momento, ele e o químico Martin Rosanoff estavam à procura de um material para usar como revestimento. Edison sugeriu trabalhar noite e dia pelo tempo necessário para encontrá-lo.

– Mas, sr. Edison – implorou Rosanoff –, já estou trabalhando nisso há quatro meses e tentei todas as soluções razoáveis sem resultado.

– Foi justamente aí que você errou – respondeu Edison. – Você tentou todas as soluções razoáveis. A razão não funciona para esse tipo de coisa.

Perseverar é a estratégia à qual devemos recorrer quando achamos que podemos transformar um problema persistente em oportunidade. Você já tentou tudo que lhe parecia razoável e se convenceu de que a solução não vai aparecer apenas aceitando ou esperando: é preciso correr atrás dela. Você chegou à encruzilhada "Não fique aí parado, faça alguma coisa", então assume um risco e dá um salto no escuro.

Digamos que você esteja numa relação e viva brigando com seu par, ou talvez o contrário: a relação é totalmente sem graça e previsível. Você já tentou conversar racionalmente; já tentou até terapia. Você desiste e vai embora? Em vez disso, poderia experimentar todo tipo de novidade que talvez não pareça uma boa ideia a princípio: passar algum tempo separados; agendar umas férias; talvez até explorar a ideia de um relacionamento aberto. Seja qual for a opção escolhida, será uma intervenção *abrupta*. É um jeito criativo de aprender por tentativa e erro.* Está dando certo? Ótimo! Continue. Não está? Então pare e tente outra coisa. Com o tempo, pode

---

* "Tentativa e erro" talvez soe como um desperdício aleatório de tempo, mas a expressão se refere a um método de pesquisa reconhecido cientificamente, desenvolvido pelo psicólogo americano Edward Lee Thorndike.

ser que você constate que o relacionamento está se transformando ou sendo reenergizado por uma nova centelha de atração. Talvez você não saiba exatamente por quê. Isso tem importância? Não. O flip thinking deu certo.

A mesma coisa vale para um negócio que está afundando lentamente no vermelho. Você poderia fazer uma análise profunda de por que as coisas não estão indo bem, cortar custos e trabalhar mais ainda para ter sucesso; tudo isso parece muito lógico. Mas essas medidas provavelmente não vão adiantar muito. É provável que só venham a *retardar* a falência do negócio, adiar a sentença por algum tempo. Em vez disso, você poderia investir em três, quatro, cinco experimentos; por exemplo, com uma nova abordagem de vendas ou uma nova linha de produtos. Há uma lei simples: mais intervenções significam mais oportunidades. Por isso o McDonald's, que tem um dos cardápios mais simples dentre as redes de fast food, com um número muito restrito de opções, faz cerca de 6 mil experimentos por ano com novos produtos, dos quais talvez dois ou três venham a entrar definitivamente no cardápio.

Um ponto crucial dessa estratégia é tentar as coisas *sabendo que elas podem muito bem fracassar*. Por esse motivo, muitos têm dificuldade de colocá-la em prática. A ideia de cometer erros nos leva a recuar. Esse impulso é reforçado pelo sistema educacional, que nos ensina praticamente desde o primeiro dia de aula que existe um jeito "certo" e um jeito "errado" de fazer algo. Os professores detêm o conhecimento e fazem as perguntas, e nós "acertamos" ou "erramos". Se acertamos com frequência, somos inteligentes; se erramos muitas vezes, somos estúpidos. A partir do instante em que somos ensinados a pensar assim, passamos a buscar a resposta certa o tempo todo. Já não temos mais permissão para descobrir; não nos incentivam a chegar a novos entendimentos e novas oportunidades. Se nos limitarmos a responder a perguntas feitas por terceiros e aprender de cor o que outras pessoas descobriram, como exercitaremos nossa criatividade? Como encontraremos respostas quando elas não existem? Para isso, precisamos cometer "erros". Muitos erros. Pesquisas mostram que pessoas criativas cometem muito mais erros do que as outras. É claro: como encontraremos caminhos novos se nunca nos perdermos? Se você não está fracassando de vez em quando, isso é um sinal de que está preso a velhos hábitos e não está tentando nada novo nem inovador.

Para tirar o máximo proveito dessa estratégia, é preciso ter a mente aberta não só em relação a possíveis soluções, mas a qual é seu objetivo. É essa a diferença entre buscar e encontrar. Quando você busca algo, já sabe o que está perseguindo. Se perdeu as chaves, são elas que precisa encontrar para poder ir ao trabalho. Você as busca até encontrá-las. Pronto. Mas encontrar algo novo envolve não saber como as coisas vão terminar. Como afirma o psicólogo Edel Maex: "Quando você sai em busca de alguma coisa, isso significa que tem uma ideia mais ou menos definida do que está procurando. Tudo que encontrar no seu caminho vai ser comparado a essa imagem e deixado de lado se não se encaixar nela. É um processo de seleção e estreitamento. Essa é uma ótima estratégia para reencontrar algo, mas com esse método você nunca vai descobrir algo novo."[1]

Somente por meio de uma exploração consciente, e com a mente aberta para o inesperado, é que podemos deparar com coisas nas quais não teríamos pensado antes. Nas palavras do psicoterapeuta Steve de Shazer: "Nunca sabemos o que perguntamos até que ouvimos a resposta."[2] Existe uma palavra maravilhosa em inglês para descrever esse fenômeno: *serendipity*, ou golpe de sorte. O pesquisador neerlandês Pek van Andel (que venceu o Prêmio IgNobel por sua pesquisa inusitada, mas que leva a pensar) descreveu o golpe de sorte como procurar agulha em palheiro e sair de lá com a filha do fazendeiro.

Mesmo empresas estabelecidas às vezes apenas experimentam. O sucesso profissional muitas vezes inclui uma "explicação lógica" formulada depois do fato. A sorte ou a coincidência não costumam ser mencionadas na literatura da administração empresarial. Preferimos teorias, princípios ou sistemas lógicos que nos deem a ilusão de sabermos como alcançar o sucesso.

Na realidade, as empresas muitas vezes vão de fracasso em fracasso, com um sucesso apenas suficiente entre um e outro. Empresas inteligentes reconhecem isso e, portanto, estão o tempo todo experimentando novos produtos ou linhas de atuação para terem uma taxa de sucesso suficientemente alta. Seus experimentos lhes permitem aprender constantemente e, portanto, crescer e se adaptar. Essas empresas são antifrágeis; elas conseguem se recuperar de reveses. Muitas vezes têm um histórico de crise seguida por um ressurgimento e muitas mudanças importantes na natureza do seu negócio. A Nokia, por exemplo, foi fundada por Fredrik Idestam em 1865 como uma fábrica de polpa de madeira. Mais tarde a empresa passou a fabricar produtos de borracha, como pneus e botas. De 1998 a 2012, a Nokia foi a líder mundial no mercado de celulares. Ela vendeu seu bilionésimo aparelho na Nigéria no verão de 2005. Mas até mesmo uma empresa tão ágil em se transformar pode ser subitamente perturbada pela concorrência. Depois que o iPhone entrou em cena, a Nokia foi expulsa do mercado mundial em menos de dois anos. A Microsoft comprou o que restava da empresa em 2013. A antifragilidade não é garantia de sobrevivência eterna.

Erros, ou descobertas acidentais, já levaram a muitas inovações célebres. Alexander Fleming descobriu a penicilina por puro acaso. Quando estava arrumando seu laboratório, ele reparou que as placas de Petri contendo colônias de *Staphylococcus aureus* tinham sido contaminadas por um fungo, e que em volta desse fungo havia uma região na qual a bactéria não crescia. Mais tarde ele analisou a substância produzida pelo fungo, que se revelou ser penicilina. Há também a história de George Crum, que trabalhava como cozinheiro em Saratoga Springs, Nova York. Um cliente reclamou que as rodelas de batata que ele servia eram grossas demais. Só por diversão, para provocar o cliente, Crum cortou rodelas de batata extremamente finas e as jogou na fritadeira de imersão, e assim nasceu a batata chips.

Outro golpe de sorte, também no estado de Nova York, levou Mary Phelps Jacob a uma descoberta valiosa. Certa noite ela estava se vestindo para um baile de debutantes e sentiu que seu espartilho estava beliscando muito, além de as pontas das barbatanas usadas para dar estrutura à peça ficarem escapulindo de dentro do vestido. Ela pegou dois lenços de seda e uma fita rosa para fabricar um espartilho alternativo, e isso acabou se revelando o nascimento do sutiã. Em 1913, Mary registrou uma patente e fundou a empresa Caresse Crosby. A Warner Brothers Corset Company lhe ofereceu 1.500 dólares pela patente. Mary ficou mais do que feliz e aceitou o que na época era uma oferta muito impressionante. A Warner também ficou feliz. Ao longo dos trinta anos seguintes, a empresa lucrou com essa patente mais de 15 milhões de dólares.

O mata-borrão foi "descoberto" quando um fabricante de papel se esqueceu acidentalmente de acrescentar cola à polpa de celulose. O resultado foi um papel extremamente fino e absorvente. O Viagra, o LSD, o forno micro-ondas, o adoçante artificial, o conhaque e a borracha vulcanizada também foram descobertos por acaso. A experimentação é parte essencial da nossa cultura, da nossa história de criação e inovação. Quase nenhuma inovação revolucionária foi meticulosamente planejada por seus inventores originais. O transístor foi desenvolvido a princípio para algumas aplicações militares, mas acabou revolucionando a indústria de eletrônicos. De início se pensou que os motores a diesel só funcionassem em trens. A cópia xerox supostamente deveria ser usada em litogravuras; a ideia de copiar documentos em larga escala não teve qualquer influência – muito menos o conceito da máquina de xerox – na sua criação. A inovação mais influente da nossa época, a internet, foi criada a partir de uma série de invenções que permitia a computadores compartilhar informações. Nem mesmo em seus sonhos mais loucos as pessoas que inventaram essas tecnologias isoladas poderiam ter imaginado a que ponto a internet mudaria o mundo.

O sociólogo americano James March, mais conhecido por suas pesquisas sobre o comportamento das corporações, argumentou que "precisamos suplementar a tecnologia da razão com uma tecnologia da besteira. Indivíduos e corporações precisam fazer as coisas sem nenhum bom motivo. Não sempre. Não com frequência. Mas de vez em quando. Eles precisam agir antes de pensar".[3]

A capacidade de seguir em frente, sempre à procura de novas formas de fazer as coisas, e de não desistir diante de fracassos talvez seja o pré-requisito mais importante do sucesso. Pode parecer óbvio, mas não é. Se você perguntar às pessoas qual é o melhor fator preditivo do sucesso, muitas dirão que é a inteligência. Só que extensas pesquisas sobre inteligência e sucesso mostraram que ela é apenas um fator preditivo bastante moderado. Existe uma correlação bem mais forte com um talento totalmente distinto e que é muito relevante para a estratégia da perseverança.

Talvez você já tenha ouvido falar no famoso experimento da década de 1960 feito pelo psicólogo Walter Mischel, no qual crianças de 4 anos eram deixadas sozinhas com marshmallows por um longo período. Elas eram instruídas assim: "Você pode comer o marshmallow agora, se quiser. Mas, se esperar o pesquisador voltar, vai ganhar outro." Os pesquisadores então ficavam escondidos, observando as crianças, e verificavam quantos minutos cada uma delas conseguia resistir ao impulso de comer o doce. Havia grande variação. Algumas devoravam o marshmallow assim que o pesquisador fechava a porta. Outras faziam de tudo – de tudo mesmo – para se conter e não comer a guloseima: sentavam em cima das próprias mãos, mordiam os lábios, desviavam o olhar, cantavam músicas ou ficavam se balançando na cadeira. Algumas conseguiram evitar comer o doce pelo período máximo de vinte minutos, quando o pesquisador voltava.

A verdadeira beleza do experimento do marshmallow é que ele era longitudinal: muitos anos depois, exatamente o mesmo grupo de crianças participou de uma pesquisa de acompanhamento. Os achados? As crianças de 4 anos que tinham resistido por mais tempo à tentação de comer o doce se revelaram as mais bem-sucedidas em muitos aspectos da vida. Elas tiravam notas melhores na escola, tinham uma probabilidade maior de concluir cursos, relatavam relacionamentos mais estáveis, tinham maior autoestima, empregos melhores e eram menos propensas a vícios. O talento que elas haviam demonstrado quando crianças era conseguir adiar a gratificação para alcançar um objetivo mais valioso a longo prazo.[4] Retardar a gratificação é um potente catalisador de perseverança quando nossos esforços para resolver um problema fracassam.

Um bom exemplo com que deparei foi a história de um funcionário da empresa americana 3M, que queria porque queria encontrar uma serventia para os resíduos de uma fábrica de lixas. Ele estava convencido de que havia uma oportunidade a ser encontrada. Conforme se concentrava cada vez mais em encontrar uma solução, esse funcionário começou a negligenciar seu trabalho e, após uma série de advertências, foi mandado embora. O que ele fez? Continuou indo ao trabalho como se nada tivesse acontecido! Quando as pessoas repararam, ele passou a não ter mais acesso às dependências da fábrica. Determinado como estava, seguiu trabalhando de casa, em seu sótão. Subtraiu da antiga empresa os materiais necessários para seus experimentos. Por fim, após anos de fracasso, conseguiu encontrar uma aplicação para os resíduos: eles poderiam ser transformados em telhas. A empresa inclusive o contratou de novo, e a Divisão de Granulados para Telhados foi criada para ser gerenciada por ele e logo se revelou extremamente rentável. Quinze anos depois, quando se aposentou, ele era um homem rico.

O segredo dessa estratégia é continuar *fazendo* coisas, procurando oportunidades escondidas dentro de erros, abrindo-se para o totalmente inesperado. "A oportunidade é perdida por muita gente porque usa macacão e se parece com trabalho", disse Edison. A estratégia da perseverança consiste em se levantar de novo ao cair, sacudir a poeira e seguir em frente. Pense em como Albert Einstein explicou o próprio sucesso: "Se você pedir a alguém que ache uma agulha no palheiro, a pessoa mediana vai parar de procurar assim que encontrá-la. Eu continuo procurando para ver se acho mais alguma."

# Estratégia do foco

*Obstáculos são coisas que vemos quando tiramos
os olhos do nosso objetivo.*

– E. Joseph Cossman

Imagine que você queira tomar uma taça de vinho, mas não consiga sacar a rolha da garrafa. Poderia passar séculos tentando tirá-la, mas também poderia apenas empurrá-la para dentro. O objetivo não é "tirar a rolha", mas "tomar o vinho".

Tanto no dia a dia quanto nos "grandes momentos", tendemos a perder de vista nosso objetivo. Confundimos fins e meios, nos concentramos naquilo que não queremos (em vez de naquilo que queremos) ou simplesmente não temos uma ideia muito clara de qual é nosso objetivo. A *estratégia do foco* usa o poder criativo liberado quando miramos aquilo que queremos, a coisa exata que temos em mente. Quanto mais nítido nosso foco, maior a força criativa. É como o processo de corte por jato d'água, que usa água sob altíssima pressão num jato finíssimo para cortar sem esforço algum e com grande precisão todo tipo de material, como pedra, granito e aço.

A essência da estratégia do foco parece simples: determinar o objetivo final. Definir de modo claro, inconfundível e muito preciso aquilo que você quer e depois manter esse objetivo em mente o tempo todo. Só que pode ser bem mais difícil do que parece. Para aplicar adequadamente a estratégia do foco, é importante distinguir os fins dos meios. Enquanto estivermos concentrados no processo, não no objetivo – como sacar a rolha da garrafa em vez de tomar o vinho –, nossa abordagem tenderá ao pensamento emperrado. Mas se nosso foco for o objetivo, exatamente aquilo que desejamos alcançar, poderemos ressignificar um problema aparentemente insolúvel com relativa facilidade. Por exemplo, existe uma história bem conhecida sobre quando o então reitor da Universidade de Columbia, Dwight Eisenhower, que mais tarde viria a se tornar presidente dos Estados Unidos, reparou que os alunos tendiam a criar os próprios caminhos no campus em vez de usar os caminhos existentes. Essas rotas informais nas quais a grama ficava batida, conhecidas como "trilhas de elefante", eram meio feiosas. O que Eisenhower fez? Ele desviou o foco. Entendeu que o objetivo não era fazer com que os alunos usassem os caminhos pavimentados, mas acabar com os caminhos disformes. Então mandou transformar as trilhas de elefante em belas trilhas arrumadinhas e pavimentadas.[1] (Infelizmente, descobri há pouco tempo que essa história sobre Eisenhower não é nem um pouco verdadeira. É uma lenda urbana que vem sendo contada e recontada. No entanto, como era literalmente boa demais para ser verdade, decidi mantê-la no livro. Melhor ser inspirado por um bom mito do que desmoralizado por uma péssima realidade.)

Nas palavras de Santo Tomás de Aquino: "Se o maior objetivo de um capitão fosse preservar seu navio, ele ficaria no porto para sempre." Ao perguntarmos a nós mesmos repetidas vezes qual é exatamente a nossa ideia, o que de fato queremos, podemos romper muitos impasses. O palestrante e escritor Jos Burgers tem um ditado muito útil sobre isso: "As pessoas não querem comprar uma furadeira; elas querem comprar um furo."

Em seu livro *Tudo o que você pensa, pense ao contrário*, Paul Arden conta a história de um professor de literatura vitoriano que estava relaxando nu à beira de um rio. Um pioneiro do nudismo. Só que naquela época a exposição de qualquer parte do corpo que não fosse a cabeça e as mãos era motivo de vergonha. O professor viu alguns de seus alunos vindo em sua direção. Ele seria descoberto; era inevitável. Não havia onde se esconder e tudo que ele tinha consigo era uma toalha. Não dava para a toalha cobrir seu corpo inteiro. Ele só teve uma fração de segundo para reagir. O que poderia fazer? Bem, qual era seu objetivo? À primeira vista, você poderia dizer que o objetivo era não ser visto nu. Mas, pensando mais um pouco, seria mais exato dizer que o objetivo era não ser reconhecido pelos alunos. Então o que ele fez? Claramente se concentrando no objetivo, usou a toalha para cobrir o rosto.[2]

O psicólogo e escritor Edward de Bono, autor da expressão "pensamento lateral", escreveu sobre uma ilha ligada ao continente por uma ponte na qual era cobrado um pedágio em cada direção. Somente após cinquenta anos alguém se deu conta de que apenas uma cabine era necessária, pois todos os carros que chegavam precisariam sair em algum momento. Monitorar os carros que entravam e saíam não era o objetivo; o objetivo era arrecadar certa quantia em dinheiro, e era possível arrecadar mais sem o gasto de uma segunda cabine de cobrança.

Esses são exemplos bem simples, mas às vezes é mais difícil distinguir os fins e os meios. Durante a Segunda Guerra Mundial, bombardeiros que voltavam de sobrevoos à Alemanha eram analisados pelas forças armadas dos Estados Unidos para determinar a quantidade de buracos de bala em cada parte da aeronave. Os militares queriam entender a melhor maneira de proteger os aviões com mais couraças para impedir que fossem abatidos, instalando um reforço maior nas partes mais atingidas. Eles pediram ao brilhante estatístico Abraham Wald que examinasse os dados, e ele deu um show de flip thinking. Disse que, na verdade, os reforços extras deveriam ser instalados nos lugares com *menos* buracos de bala.

O que os engenheiros não tinham levado em conta era que eles não conseguiam ver todas as aeronaves que tinham feito sobrevoos. Eles viam apenas os aviões que *não* tinham caído. Wald entendeu que se um avião conseguia retornar com um número relativamente alto de buracos em algumas áreas, como na fuselagem, por exemplo, então essas partes não eram as mais críticas. Se pouquíssimos aviões voltavam com mais de um ou dois buracos numa determinada área, então apenas um ou dois tiros ali pareciam suficientes para derrubar um avião. A área com menos buracos nos aviões que voltavam era o motor, e Wald sugeriu que as couraças extras fossem concentradas ali. As forças armadas acataram seu conselho e desde então as aeronaves foram equipadas com placas extras nos lugares que tinham ficado intactos. A sugestão inteligente de Wald – enfocar os lugares onde não havia buracos de bala – fez com que, dali em diante, muito mais bombardeiros retornassem em segurança.[3]

Quando olhamos para o mundo à nossa volta, podemos ver muitos casos em que os problemas foram solucionados ao redefinir os fins e os meios. Até muito recentemente, as empresas costumavam achar que cada funcionário precisava de uma estação de trabalho exclusiva. Só que isso significava manter algumas estações ociosas por determinado período, como em épocas de férias ou licença, enquanto ao mesmo tempo poderia não haver estações de trabalho suficientes, por limitações de espaço e de custos. O flip thinking aconteceu quando o foco deixou de ser "Todo mundo precisa ter a própria estação de trabalho" e se transformou em "Todo mundo que vem trabalhar precisa ter uma estação de trabalho". É uma mudança sutil, mas importante. Uma vez redefinido o objetivo, bastou um pequeno passo para se desenvolver a prática conhecida como hot-desking. Os funcionários têm um armário pessoal com rodinhas que podem levar para qualquer estação de trabalho que esteja vaga. O hot-desking pode poupar até 50% de espaço e reduzir os custos de escritório em cerca de 25% ao ano.

Para fazer bom uso da estratégia do foco, o importante não é só saber formular adequadamente um objetivo; é preciso também saber como *não* fazê-lo. Então onde tendemos a errar quando se trata de formular nossos objetivos?

Como já vimos, um primeiro erro é que tendemos a formular um objetivo *negativamente*. Digamos que você não saiba direito aonde quer ir nas férias, então decide consultar um agente de viagens. O agente pergunta aonde você quer ir, e você responde:

– Bem, eu sei que *não* quero ir à Espanha. Tive uma experiência horrível lá.

Essa resposta, é claro, não é de grande ajuda.

Por ironia, às vezes enfocar aquilo que não queremos pode nos levar a conseguir exatamente isso. Se você quiser dormir, mas se concentrar em não ter insônia, provavelmente não vai conseguir pegar no sono. Enfocar apenas os aspectos negativos de um problema muitas vezes leva a perder oportunidades. Pense no combate a um grande incêndio florestal. Às vezes o incêndio pode ser controlado pondo fogo em outra parte da floresta – obviamente de maneira muito criteriosa – de modo a criar uma área sem árvores. Quando o incêndio chega a essa área, o fogo não consegue se alastrar mais.

Em seu livro *The Glass Half-Full* (O copo meio cheio), a psicóloga Suzanne C. Segerstrom escreve sobre um homem que tinha medo de barulho de sirene. Em vez de se concentrar em evitar o barulho, ele foi desafiado a estudar as sirenes. Por exemplo, ele comprou ambulâncias de brinquedo para a filha e avaliou se o som dos brinquedos reproduzia fielmente uma sirene real. Para isso ele precisou escutar sirenes de verdade.[4]

Existe um tratamento parecido para pesadelos. As pessoas são desafiadas a reconstituir seus pesadelos durante o dia da maneira mais exata que conseguirem. Alguns budistas conhecem essa abordagem como "pôr a cabeça na boca do demônio", nome inspirado na história tibetana de Milarepa. Metaforicamente, se você se vir diante de um dragão cuspindo fogo e tentar fugir dele, o dragão vai apenas cuspir mais fogo na sua direção. Mas se você se atrever a pôr a cabeça dentro da boca dele, vai ver que na verdade não existe dragão algum. O problema está apenas na sua cabeça.

Um segundo erro que muitas vezes cometemos na hora de formular nossos objetivos é defini-los de modo vago. Duas irmãs estavam brigando por causa de uma laranja. Só havia uma fruta, e ambas a queriam. Tudo em que elas conseguiram pensar foi cortar a laranja ao meio e cada uma ficar com uma metade. Se ao menos elas tivessem definido com mais precisão o que queriam, não teria havido dilema. Uma delas queria beber o suco, enquanto a outra queria usar as raspas da casca para fazer um bolo.

Também temos tendência a formular nossos objetivos de modo excessivamente grandioso. "Um dia" vamos conhecer o mundo inteiro. Ou "um dia" vamos escrever uma autobiografia. Enquanto não escolhemos um primeiro destino ou marcamos um prazo para terminar nosso livro, provavelmente nunca vamos começar. Muitas vezes, no caso de objetivos grandiosos como esses, na verdade eles são mais um desvio para não pensarmos em alguma questão subjacente. O desejo de viajar pelo mundo pode muito bem estar baseado na esperança de fugir da rotina diária. A ideia de escrever uma autobiografia pode refletir o medo de passar despercebido pelo mundo.

O terceiro erro ao definir objetivos é que muitas vezes não fazemos uma escolha clara. Apostamos em dois cavalos ao mesmo tempo. Por estranho que pareça, times de futebol podem encontrar esse problema quando estão vencendo uma partida. Qual é o novo objetivo nesse caso? Fazer mais gols ou defender a vantagem?

Um quarto erro é que estabelecemos objetivos em áreas nas quais não temos influência direta. Buscar a felicidade é compreensível, mas como fazer isso? As emoções são fugidias. É difícil lhes dar ordens. Mais do que isso: esforçar-se para se sentir de determinada forma pode muito bem ter o efeito contrário. Num estudo, o pesquisador em psicologia J. W. Schooler mostrou que perseguir a felicidade é contraproducente. No experimento, diferentes grupos de participantes escutavam *A sagração da primavera*, de Stravinsky. O primeiro grupo deveria apenas ouvir a música, enquanto o segundo deveria se deixar alegrar por ela. O resultado? O primeiro grupo ficou mais feliz. O segundo, que havia recebido a instrução de se alegrar, na realidade ficou menos feliz.[5]

Um quinto e último erro é que muitas vezes perseguimos objetivos que não estamos verdadeiramente motivados a alcançar; eles não nos mobilizam de verdade. Dizemos a nós mesmos que queremos uma coisa, mas no fundo sabemos que não queremos. Isso muitas vezes acontece porque os objetivos são considerados louváveis pela sociedade, ou porque somos incentivados a persegui-los, por exemplo, por nossos pais. Virar um cantor famoso, uma atleta profissional ou primeira bailarina parece fantástico, mas essas conquistas envolvem muito sacrifício; temos uma penca de bons motivos para não querê-las. Alcançar alguns desses objetivos altamente louváveis pode exigir certa obsessão e nos impedir de perseguir outros objetivos importantes para nós, como mais tempo com nossos familiares e amigos.

Assim, precisamos definir e escolher com todo o cuidado nossos objetivos se quisermos usar de modo eficiente a estratégia do foco. Mas como? Uma das abordagens que vêm ganhando popularidade nas corporações é a definição de metas SMART, que estabelece objetivos específicos, mensuráveis, alcançáveis, realistas e com prazo determinado. Outra técnica poderosa é uma das intervenções mais conhecidas na psicologia, chamada de "trabalho focado em soluções", cujas origens remontam à psicoterapia, mas que hoje vem sendo cada vez mais usada em coachings, treinamentos e formações profissionais. Essa técnica é conhecida como "pergunta milagrosa", desenvolvida mais ou menos por coincidência quando um paciente respondeu a uma questão da terapeuta Insoo Kim Berg dizendo:

– Ah, para isso seria preciso um milagre!

Insoo reagiu com outra pergunta muito lógica:

– Está bem, então digamos que aconteça um milagre. Como ele seria?

Considerar essa pergunta sobre qualquer objetivo que estejamos buscando ajuda a manter nosso foco na positividade.[6]

Curiosamente, para garantir que nossos objetivos nos motivem, o segredo é mantê-los um pouco ambiciosos demais. Objetivos muito pequenos resultam em tédio e apatia. Objetivos ousados, por outro lado, nos levam a entrar em estado de fluxo, de total concentração na tarefa. Se você tornar seus objetivos ambiciosos a ponto de só poder alcançá-los com esforço, vai se surpreender com o que é capaz de realizar. Desde que aprendi isso, venho instintivamente definindo objetivos altíssimos para mim mesmo. *Dois capítulos hoje. Terminar minha lista de afazeres até o meio-dia. Não, até as dez da manhã.* Descobri que, fixando meus objetivos quase duas vezes mais alto do que julgo possível, posso entrar num estado de tamanha atenção e energia que quase sempre consigo alcançá-los.

Para concluir, eis um último exemplo. Tem a ver com redefinir os meios para chegar a um fim.

Os fornecedores da Ford embalavam suas peças, como carburadores, para-choques e limpadores de para-brisa, em estruturas de madeira. Quando as encomendas chegavam, os funcionários da Ford retiravam as peças e jogavam a madeira fora. "Que desperdício", pensou Henry Ford. Descartar a madeira custava tempo e dinheiro, e matérias-primas valiosas estavam sendo desperdiçadas. Assim, Ford ordenou a todos os fornecedores que fabricassem estruturas segundo especificações precisas, que incluíam não só o tipo de madeira a ser usado como também a espessura e o comprimento das tábuas. A Ford então reutilizou essa madeira para fabricar o assoalho de um de seus veículos, o Modelo T.

Na minha opinião, a história da Ford ilustra claramente o potencial da estratégia do foco. Quando deparar com um problema, esqueça aquilo que não quer. Ou, para aproveitar o exemplo, pare de se concentrar no descarte das carcaças de madeira aparentemente inúteis. Quando estiver diante de um problema, respire fundo e mentalize com toda a calma aquilo que você *quer*. No caso da Ford, era fabricar carros do modo mais barato e eficiente possível. Era esse o objetivo principal. Foi assim que eles tiveram a ideia de usar as estruturas de madeira como peças de automóvel.

O que funcionou para a Ford poderia funcionar para todos nós. Quando não permitimos que o problema imediato bloqueie nossa visão e, em vez disso, nos concentramos em nossos objetivos e valores finais, conseguimos dar um passo para trás, observar a situação como um todo e descobrir novas e inesperadas possibilidades.

# Estratégia do repensamento

*Se parar de procurar, talvez você descubra que já encontrou.*

Diante de um problema, tendemos a achar que a solução será encontrada no futuro. (De preferência, num futuro não muito distante.) Só que nem sempre é assim: às vezes a solução já existe há muito tempo, enterrada no passado. Talvez ninguém tenha conseguido aplicá-la porque o problema ainda não havia surgido.

Diversas descobertas e invenções que consideramos relativamente recentes na verdade têm uma longa história, mas ficaram esquecidas durante muitos anos. Os gregos antigos já tinham entendido que a Terra era redonda por volta de 240 a.C. Eratóstenes chegou a calcular a circunferência terrestre com uma margem de erro de 2%. Durante muitos séculos, porém, esse conhecimento ficou perdido. Segundo a visão de mundo cristã primitiva, a Terra era plana; embaixo dela estaria o Inferno e, acima, o Paraíso. Nas bordas terrestres estendiam-se os oceanos e, se navegasse para muito longe, você poderia despencar. Os povos nativos da América Latina inventaram a roda muito antes de ela ser usada para mudar o mundo, quando servia apenas como brinquedo de criança. O motor a vapor, que impulsionou a Revolução Industrial, foi inventado num formato primitivo 1.700 anos antes pelo engenheiro e matemático grego Heron de Alexandria, mas era usado apenas como brinquedo. E o mesmo vale para a escada rolante como a conhecemos hoje. Em 1897, Charles Seeberger desenvolveu uma atração de parque de diversões chamada "Escadaria para o Inferno", e vários anos ainda transcorreriam antes de alguém pensar em usar essa descoberta para transportar pessoas de um andar para outro.

Aliás, é interessante notar que muitas invenções revolucionárias foram originalmente criadas para diversão. Será que nos tornamos mais criativos quando podemos brincar do que quando estamos trabalhando? Enfim, voltemos ao tema principal...

Imagine quantas patentes podem estar esquecidas, sem uso, em escritórios pelo mundo afora... Mas o que quero destacar aqui não é o fato de as invenções caírem no esquecimento; é o fato de nós, humanos, muitas vezes inventarmos coisas brilhantes sem ter a menor ideia de como elas de fato podem ser úteis. Temos ouro nas mãos, mas não nos damos conta. Com a *estratégia do repensamento*, damos outra olhada na situação e nos recursos e buscamos as possibilidades ocultas. Às vezes existe uma possibilidade bem na nossa frente, mas não a reconhecemos. Às vezes a possibilidade é tão semelhante ao problema que simplesmente passa despercebida. Estamos no meio de uma possibilidade, mas pensamos estar no meio de um problema. Ainda é dia, mas achamos que é noite.

Talvez você esteja perguntando a si mesmo o que isso tem de diferente em relação à estratégia da perseverança. Sob certo aspecto, as duas estratégias são parecidas. Mas existe uma diferença importante. No caso da perseverança, você começa onde está e, ao avançar, talvez esbarre numa oportunidade inesperada. Repensar funciona ao contrário. Você começa com uma possibilidade e, ao examinar a realidade, talvez esbarre num problema que pode ser imediatamente ressignificado por uma possibilidade que já existe.

Isso foi muito bem ilustrado por uma tirinha dos Irmãos Metralha, criação da Disney. Nessa tirinha, o trio de bandidos está na prisão. É o dia em que serão soltos e eles estão superanimados sonhando com o futuro. O céu é o limite para suas fantasias. Eles vão morar num imenso castelo, com muros imponentes e um lindo pátio interno, e empregados lhes servirão as refeições. O resultado? Quando chega a hora de serem soltos, eles não querem sair da prisão. É claro que os presídios reais não se parecem em nada com luxuosos castelos, mas você entendeu a ideia.

A vida real também nos brinda com um ótimo exemplo: o caso de Spencer Silver, pesquisador da empresa 3M. No fim dos anos 1960, Silver estava tentando inventar uma cola melhor para a fita adesiva. A cola precisava ser superforte, mas a que ele criou era exatamente o contrário. Por acidente, ele acabou inventando uma cola superfraca, que demorava muito tempo para endurecer. Que problema... Ou, melhor, que possibilidade ainda sem problema... Levou cinco anos para a cola de Silver encontrar um problema a ser solucionado. Seu colega Arthur Fry, irritado com seu marcador de página que não parava de cair do hinário enquanto ele cantava na igreja, de repente se lembrou da cola de Spencer Silver e, nesse momento de inspiração, nasceu o Post-it. Os Post-its são hoje considerados a maior inovação na área de material de escritório desde o clipe de papel. Por seu trabalho inovador, Silver e Fry receberam o prêmio mais prestigioso da 3M.

Outro produto fracassado que estava cheio de possibilidades acabou se transformando na geleca, o Brinquedo Mais Maravilhoso do Século XX. Ele foi criado nos anos 1940 por James Wright, um pesquisador da General Electric, que estava tentando achar um substituto sintético para a borracha a ser usado na guerra. A substância elástica não tinha o menor interesse para as forças armadas, mas a dona de uma loja de brinquedos, Ruth Fallgatter, ouviu falar na massinha elástica e em todas as coisas que ela era capaz de fazer. Você podia jogá-la numa vidraça e ela grudava; podia rolá-la sobre um jornal e ela copiava o que estava impresso. Que divertido! Ela comentou com o empresário Peter Hodgson que aquilo poderia dar um ótimo brinquedo e, pouco antes da Páscoa de 1950, a geleca entrou no mercado embalada dentro de ovos de plástico. A massinha fez tanto sucesso que em 1968 chegou a circular um boato de que a tripulação da Apolo 8 tinha levado geleca para a Lua para manter as ferramentas no lugar. Quando Hodgson faleceu, em 1976, sua fortuna pessoal estava avaliada em 140 milhões de dólares.

A estratégia do repensamento requer otimismo. É preciso acreditar que muitas vezes existem possibilidades escondidas em plena luz do dia e manter os olhos abertos para vê-las. Um impressionante estudo do psicólogo Richard Wiseman mostrou que o pessimismo pode cegar uma pessoa. Os participantes do experimento foram divididos em dois grupos: um com pessoas que se consideravam sortudas, outro com pessoas que se consideravam azaradas. Wiseman pediu que todos os participantes fossem a um restaurante onde tinha posto uma nota de 10 libras no chão, na soleira da porta. Quase nenhum dos participantes "azarados" viu a nota, enquanto quase todo o grupo dos "sortudos" viu. Pessoas pessimistas tendem a focar mais no problema do que na possibilidade.[1]

Para ajudar você a manter os olhos abertos, permita-me apresentar o conceito de "possibilidade à deriva": existem possibilidades à nossa volta, como se estivessem flutuando à deriva, sem que as vejamos. Precisamos buscá-las ativamente. Muitas vezes descobrimos que elas já estavam bem na nossa frente há algum tempo.

Foi assim que a fabricante de automóveis neerlandesa DAF descobriu uma serventia para os motores a diesel que estavam sendo testados em suas fábricas. Por anos, não ocorrera a ninguém que os motores poderiam ser aproveitados para outra coisa durante os testes. Finalmente alguém pensou: "Espere aí. Se de todo modo eles precisam ser ligados, por que não usá-los para gerar eletricidade?" Acabou que os motores eram capazes de gerar energia suficiente para abastecer um complexo de fábrica inteiro.

Como vimos, identificar possibilidades muitas vezes tem a ver com detectar aplicações inesperadas para algum item ou criação que já existe. Mas também podemos criar oportunidades convencendo pessoas de uma aplicação da qual elas não achavam que precisassem. É o que eu chamo de "técnica do infomercial", usada pelos canais de compras na televisão. Esses canais se especializam em anunciar produtos dos quais ninguém *precisa* de verdade, como um coçador de costas ultrapotente. Esses anúncios em geral começam com perguntas retóricas, como: "Você também sofre com uma coceira nas costas que simplesmente não consegue alcançar?" Depois cortam para imagens de pessoas com uma baita coceira nas costas tentando desajeitadamente coçá-las com coçadores ineficazes de outros fabricantes. Um desses produtos provoca arranhões, que formam casquinhas, o que gera mais coceira ainda. Outro é tão malfeito que quebra durante o uso. "Jogue fora esses coçadores horríveis!", nos diz a propaganda, e vemos imagens de coçadores sendo arremessados em latas de lixo com um grande "X" vermelho ocupando a tela inteira da TV. Eis a solução: o primeiro e único Supercoçador de Costas. Sobe uma música animada. Vemos um senhor contente usando o Supercoçador de Costas enquanto fala ao telefone. Então vemos a imagem de uma família inteira coçando animadamente as costas, não só enquanto veem TV mas durante as férias ou enquanto se exercitam. As crianças rendem melhor na escola, e os pais, no trabalho, e eles chegam até a viver em média três anos a mais! E não é só isso... Se fizer seu pedido agora, você vai receber também um Supercoçador de Cabeça!

É claro que esse exemplo é um pouco absurdo, mas reflita: quais são as possibilidades e qualidades que você tem à sua disposição agora e como pode usá-las para transformar seu problema (ou o dos outros) em oportunidade? Se você tem carro e as outras pessoas não, para elas o seu carro é uma oportunidade. Se você é dono de uma fábrica abandonada, para alguém que estiver organizando uma rave esse poderia ser o local ideal. Quando você está sem emprego, é claro que isso é um problema de verdade. Mas o que você tem agora? Muito tempo livre. Veja esse tempo não como algo a ser resolvido, mas como uma possibilidade a ser concretizada. Talvez tenha chegado a hora de dar a volta ao mundo, abrir o próprio negócio ou tirar um ano sabático. Onde quer que você esteja, não importa o que você possua, aborde sua realidade como uma possibilidade e leve em conta as oportunidades que poderiam passar despercebidas.

Na história da humanidade, nunca houve um período melhor do que agora para aplicar a estratégia do repensamento. A internet transformou a nossa época na mais cheia de oportunidades. Todos concordamos que a internet mudou e continua mudando radicalmente nossa vida. É inegável o potencial de repensamento que ela oferece. Problemas que no passado pareciam insolúveis são agora vistos sob uma nova luz. Dificuldades de outrora (como achar compradores para sua coleção de carrinhos de brinquedo, ou encontrar pretendentes morando numa cidadezinha de 2 mil habitantes) foram transformadas em oportunidades graças à internet.

A estratégia do repensamento também pode ser usada de outra forma: não rebobinando, mas avançando no tempo. Uma das maravilhas de ser humano é que podemos não só reavaliar o passado, mas também usar o futuro que imaginamos para avaliar o presente. Quando comecei meu negócio – por volta dos 35 anos – e perguntava a mim mesmo se pedir demissão tinha sido a decisão certa, eu muitas vezes tinha uma conversa comigo mesmo. Bem, na verdade era uma conversa entre meu eu de 35 anos e meu eu de 70. Minha versão de 35 anos perguntava, por exemplo, "Vou conseguir ganhar dinheiro suficiente para sustentar minha família?", ao que a versão de 70 respondia: "Entendo que você esteja preocupado com dinheiro agora, mas esqueça isso e se concentre naquilo em que você é bom, naquilo que te dá energia." Esses diálogos sempre me tranquilizavam, como se dentro da minha mente houvesse de fato um homem de 70 anos que confiava mais em mim do que eu mesmo.

Repensar imaginando o futuro também pode funcionar em conversas com os outros. Anos atrás deparei com uma história impressionante sobre um conflito entre o vice-diretor de uma escola e um dos alunos. O aluno tinha discutido com o inspetor da escola, e o vice-diretor achava que ele precisava se desculpar. Só que o aluno se recusava a pedir desculpas. Para ele, era o inspetor quem o havia tratado de maneira injusta. A orientadora pedagógica foi chamada para intervir e perguntou ao aluno em que ano ele estudava. O aluno se formaria em breve. A orientadora então lhe perguntou onde ele achava que estaria dali a dois anos. O aluno respondeu que estaria na faculdade, em Roterdã. A orientadora então lhe perguntou se ele teria um problema como aquele quando estivesse estudando em Roterdã. O aluno começou a rir. De jeito nenhum... Ele já teria superado esse tipo de coisa. Por fim, a orientadora perguntou ao aluno se seu eu do futuro seria capaz de lhe dar algumas dicas para lidar com aquele comportamento. O que o aluno fez? Começou a recitar o que o vice-diretor tinha dito que ele deveria fazer. Ele repensou a situação da perspectiva do seu eu mais sábio e mais velho.

Eis um último exemplo divertido para ilustrar a magia do repensamento.

Além do trabalho como produtor de teatro e TV, o artista belga Kamagurka é um cartunista e pintor bem-sucedido. Apesar do sucesso na área artística, ele se considera apenas moderadamente talentoso, em especial quando se trata de produzir bons retratos de pessoas. Mas Kamagurka viu nessa falha uma possibilidade. Ele iniciou uma nova tendência artística: o acidentalismo. Ele pinta retratos de forma descontrolada e aleatória, sem ninguém em especial em mente, e publica na internet. O público pode então citar pessoas que se pareçam com aqueles retratos. A pessoa que mais se parecer com cada retrato é escolhida como modelo "oficial".

Não importa quem você seja, o que faça, que competências ou talentos tenha, revisite e repense constantemente ideias e oportunidades que possa ter deixado passar. Veja todas elas como uma solução em potencial. Solução para quê? Sabe-se lá! Isso é um problema? Não! Não saber é exatamente a essência da estratégia do repensamento. Portanto, comece com essas possibilidades e em seguida vá recuando no tempo para ver como elas poderiam resolver os problemas que já existem, ou aqueles que você nem sequer tinha percebido que existiam. Seus ou dos outros. O importante é imaginar quantas respostas para o seu problema talvez já existam e estão apenas esperando serem vistas.

*Estratégias 8 a 11*

## Lutar

Estas estratégias devem ser usadas diante de uma realidade hostil. Desonestidade, manipulação e ganância são características humanas que fazem parte da vida, mas podemos combatê-las com planejamento, colaboração e táticas de persuasão.

# Estratégia da eliminação

*O que a lagarta chama de fim, o resto do mundo
chama de borboleta.*

– LAO-TSÉ

Há quem considere o flip thinking uma espécie de movimento hippie de pensamentos positivos. Uma espécie de paraíso, um país das maravilhas, como se fosse sinônimo de otimismo e positividade. Não é isso. O flip thinking não é uma disciplina, teoria ou abordagem única; suas estratégias são tão variadas, mutáveis e versáteis quanto a própria vida. Assim, a *estratégia da eliminação* envolve compreender que o luto, a perda e a dor são inevitáveis.

Em fevereiro de 2008, a Polaroid anunciou que fecharia suas fábricas nos Estados Unidos, nos Países Baixos e no México. Os filmes e câmeras Polaroid tinham sido substituídos pelas câmeras digitais. A empresa já tinha pedido falência em 2001 e seus novos donos tornaram a declarar falência em 2008. Apenas pouco mais de setenta anos após sua fundação, em 1937, a Polaroid Corporation saiu de cena, embora sua marca ainda seja usada por outro dono.

A Polaroid é uma das muitas marcas outrora pujantes que deixaram de existir no seu formato original, e a expectativa de vida das empresas tem sido cada vez menor. Hoje em dia, a ascensão e queda de todo um setor pode levar menos de quinze anos. O primeiro Top 100 da *Forbes*, a lista das maiores empresas dos Estados Unidos, remonta a 1917. Setenta anos mais tarde, em 1987, 61 delas tinham desaparecido. Das 39 restantes, apenas 18 ainda figuravam no Top 100. E elas estavam indo bem? Não. Ao longo dessas sete décadas, elas tiveram um desempenho no mínimo 20% pior do que o restante do mercado. Apenas duas dessas empresas, a General Electric e a Kodak, apresentaram um desempenho melhor do que a média do mercado, e desde então a Kodak também passou por um processo de falência. Pense só: apenas uma empresa listada no Top 100 da *Forbes* em 1917 ainda existe e tem um desempenho acima da média. As outras 99 ou desapareceram ou estão tendo um desempenho ruim. Que lição podemos tirar disso? Simples: não apenas circunstâncias desfavoráveis podem mudar nossa sorte como, no fim, tudo desaparece. É uma realidade triste, porém inevitável. Nada dura para sempre. Podemos enxergar isso como um problema, mas também como uma oportunidade. É exatamente isso que faz a estratégia da eliminação. Muitas vezes o fim de uma oportunidade pode levar ao nascimento de outra.

O mundo hoje muda a uma velocidade estonteante, e empresas de todos os lugares se veem diante de uma escolha difícil: modernizar-se, adaptar-se ou fechar as portas. Na primeira edição deste livro, publicada em 2008, escrevi:

> Como a indústria musical vai reagir aos downloads de música? Nos Países Baixos, as vendas de singles em CD acabaram este ano. Com um simples clique, é possível baixar *As 500 Melhores Músicas de Todos os Tempos Segundo a Rolling Stone* de uma vez só, com todas as faixas perfeitamente identificadas. Basta sincronizá-las com seu iPod para ouvi-las onde você estiver. Soa muito moderno, mas alguém que leia isto daqui a cinco anos vai achar meio ridículo.

Bem, avançamos mais que cinco anos e agora esse trecho parece ridículo mesmo. Quem baixa música hoje em dia? Basta encaixar o celular no suporte do carro, abrir o Spotify e ouvir tudo em streaming. Soa muito moderno, mas o que vamos achar disso tudo daqui a outros cinco ou dez anos? O que já seremos capazes de fazer?

Talvez você pergunte por que este capítulo começa debatendo o fato de as coisas mudarem, de aquilo que existe hoje estar em constante ameaça de extinção e de novidades surgirem o tempo inteiro. São obviedades. De que adianta repeti-las? Bem, com relação ao flip thinking, a questão é que podemos nos beneficiar dessa mudança. Como? Desistindo por completo daquilo que não funciona mais ou que em breve não vai mais funcionar. É só quando nos atrevemos, de modo constante e rigoroso, a parar de fazer o que não está dando certo que podemos abrir espaço para o que talvez funcione. Então a estratégia da eliminação começa também por identificar o que não funciona mais. Nessa estratégia, precisamos ser capazes de podar, de metaforicamente eliminar os galhos secos da nossa árvore. O que nem sempre é fácil. Muitas vezes envolve dor e luto.

Veja o exemplo da General Electric. O sucesso da empresa é em grande parte atribuído à sua prática de autodestruição. Sob a longeva liderança do CEO Jack Welch, a GE adotou uma estratégia de eliminar as operações que não fossem suficientemente bem-sucedidas, fixando altos padrões de sucesso. O lema introduzido por Welch era: ou estamos no topo de um segmento de mercado ou estamos fora. Ele também instituiu uma rígida política de demitir os funcionários que estivessem entre os 10% menos produtivos.[1]

A estratégia da eliminação existe em muitos formatos. Comecemos com a versão mais óbvia: *se algo vai parar de funcionar num futuro próximo, pare de fazê-lo.* Se um produto ou serviço vai deixar de existir em breve, pare de oferecê-lo agora mesmo, ainda que ele pareça estar no cerne de quem você é ou do que você faz.

A estratégia da eliminação funciona não só porque paramos de fazer o que não está dando certo mas porque cortar os galhos secos torna nossa árvore mais saudável. Ao eliminarmos o que não tem valor, podemos nos concentrar no valor daquilo que sobrou. Então eliminar não tem a ver apenas com jogar fora; tem a ver também com manter. É uma estratégia que ao mesmo tempo destrói *e* preserva.

No auge da crise de crédito de 2008, a empresa de serviços financeiros ING enfrentou grandes desafios, como tantas outras. A festança que organizava anualmente para os funcionários passou a ser inviável diante da crise econômica. Isso não queria dizer que não haveria festa alguma. Alguns funcionários da ING eram cantores e chefs talentosos, e um grupo assumiu voluntariamente a organização de uma festa de baixo orçamento, um sucesso tão retumbante que foi repetido no ano seguinte.[2]

A estratégia da eliminação na verdade se parece com a da potencialização. A diferença está sobretudo na ordem do processo: ao potencializar, você começa com o que está bom e vê o que pode fazer com isso, enquanto ao eliminar você começa com o que não está dando certo e então examina o que sobrou. Digamos que você queira eliminar as ervas daninhas do seu gramado. Pode retirar as ervas daninhas (eliminar) ou então adubar a grama para que ela cresça vigorosa e sufoque as ervas daninhas (potencializar). Vai precisar usar sua intuição para decidir qual estratégia escolher numa situação específica. O problema principal é algo que está claramente dando errado? Então comece eliminando. Do contrário, comece pelo que está dando certo e potencialize.

A segunda versão da estratégia se pauta no seguinte ditado: "Loucura é fazer a mesma coisa várias vezes e esperar um resultado diferente." Não raro, apenas tentamos com mais afinco uma abordagem que não está dando certo. Esse segundo tipo de eliminação diz o seguinte: *pare de fazer coisas que não estão dando certo*. Simplesmente pare. Muitas vezes isso revela uma oportunidade.

Uma empresa de TI vivia perdendo novos funcionários, para o desespero dos gestores. Seguia todas as recomendações convencionais sobre contratação e retenção. O processo de recrutamento era complexo e sofisticado, e os novos funcionários precisavam passar por um excelente programa de treinamento. A tentativa de aumentar os salários não funcionou. Muitos funcionários novos mal concluíam o treinamento antes de serem roubados pela concorrência. Por fim, os gestores decidiram dizer "sim-e" para a situação. Eliminaram a ideia de que deveriam reter todos aqueles funcionários excelentemente treinados e criaram uma subsidiária que oferece treinamento e formação para pessoas que queiram acelerar suas carreiras. Afinal, eles tinham descoberto que eram bons nisso! A solução foi boa para todo mundo. Tornou o emprego mais atraente para jovens funcionários com alto potencial, que se sentiam "compreendidos", e também gerou muito dinheiro! Tanto dinheiro, na verdade, que esse acabou se tornando o principal negócio da organização. Ela deixou de lado boa parte dos seus serviços de TI e se tornou uma bem-sucedida empresa de treinamento.[3]

Parar de fazer o que não está dando certo pode ter efeitos muito surpreendentes. As estações de metrô de Nova York foram tratadas durante anos como latas de lixo, e os passageiros jogavam todo tipo de resíduos nas plataformas e nos trilhos. O que as autoridades fizeram? Instalaram mais e mais lixeiras nas plataformas. Adiantou? Não. Pelo contrário: a quantidade de lixo parecia que só aumentava. Então a MTA, empresa responsável pelo transporte público na cidade, fez um teste e retirou todas as lixeiras de duas estações. Isso reduziu o lixo em 50% a 67%. Um representante da MTA concluiu o seguinte: "Se não há lugar para jogar o lixo fora, os passageiros o levam consigo... muitas vezes para fora da estação." Talvez as lixeiras estivessem inclusive passando a mensagem de que tudo bem jogar lixo no chão, porque alguém limparia depois.[4] A medida desde então foi aplicada em outras estações de metrô e diversos lugares públicos.

Mas como aplicar a estratégia da eliminação na sua vida? Comece procurando as coisas que não estão dando certo. Se não estiver dando conta da sua lista de afazeres, tente implementar sistemas novos: mais caderninhos, lembretes de calendário, etc. Achar que temos que fazer mais para manter o ritmo é um erro comum. Por isso acabamos com um monte de técnicas, sistemas e listas de afazeres desnecessários. Como já vimos, eliminar coisas que não funcionam é como cortar os galhos secos de uma árvore. O que sobra é um organismo vivo, saudável. Simplifique a vida. Tente fazer (muito) mais fazendo (muito) menos.

Uma terceira variante da eliminação é a tática da *desconstrução*. Escolha alguma coisa, retire parte dela e avalie se consegue criar algo novo com o que sobrou. Como seria um restaurante sem cadeiras? Futebol sem bola? Uma televisão sem controle remoto? Um carro sem volante? Muitas invenções foram criadas assim. Afinal de contas, um celular não é basicamente um telefone sem fio?

Para startups, o custo de um espaço físico é muitas vezes um obstáculo. E se simplesmente eliminássemos o espaço físico? Já conheci uma empresa inovadora que pega crianças na escola e as leva num ônibus para um passeio: caminhar na floresta na primavera, patinar ou andar de trenó no inverno, nadar no verão, catar folhas no outono... Essa empresa hoje tem cinco projetos de sucesso em quatro cidades. Não por ter um espaço físico, mas justamente por não tê-lo. A eliminação de algo que a estava restringindo (o custo de alugar ou comprar um espaço) tornou-se o seu diferencial.

Quer ter reuniões mais curtas? Tente eliminar cadeiras. A empresa neerlandesa TNO decidiu fazer esse experimento. É bem menos confortável ficar em pé durante uma reunião, e dito e feito: a medida gerou mais eficiência. Na verdade, a TNO constatou que as chamadas "reuniões em pé" tinham duração um terço menor. Como o custo das reuniões nos Países Baixos foi estimado em 30 bilhões de euros por ano, as reuniões em pé poderiam levar a uma economia de 10 bilhões de euros.[5]

Uma quarta variante dessa estratégia é *eliminar uma pressuposição*. Uma coisa precisa ser feita sempre de determinado jeito? Essa variante desafia nossas concepções arraigadas de como as coisas "deveriam ser". Um feirante estava indo relativamente bem, com boas vendas e lucro suficiente. O problema era que precisava trabalhar feito um condenado. Na verdade ele deveria ter contratado dois ou três funcionários para ajudar, mas o salário e os encargos sociais seriam muito dispendiosos e ele não queria fazer nenhuma contratação informal. Que opções lhe restavam? Pagar metade do salário informalmente? Recrutar voluntários? Ele ficou remoendo esse dilema até desistir de ter funcionários e redescobrir um conceito que já existe há 120 anos no ramo da alimentação: o self-service. Ele montou sua barraca em formato de meia-lua e deixou os clientes se servirem sozinhos. Tudo que precisou fazer foi contabilizar as vendas.

"Toda empresa precisa de um líder" é uma verdade incontestável no mundo dos negócios. Por quê? Quem decidiu isso? A Synergy School, na África do Sul, é uma escola particular progressista que enfatiza a assunção de responsabilidade. O fundador, dono e força motriz da escola – um guru, na opinião de muitos colegas – anunciou certo dia que não queria mais ser diretor. Por acreditar fervorosamente que "é somente pelo caos que se libera energia", ele deixou em aberto a administração do colégio dali em diante. O restante da equipe se apressou para encontrar outro diretor, mas logo ficou evidente que não haveria um sucessor adequado. Afinal, quem poderia substituir o fundador da escola? Então tiveram uma ótima ideia: por que não aplicar aos funcionários a filosofia de assumir responsabilidade? Por que a escola precisava de um diretor? Isso não era uma exigência legal. Então decidiram dividir as atribuições do diretor entre os proprietários, professores e o restante da equipe, e a escola se tornou uma organização autogerida.[6]

Eliminar pressuposições pode conduzir a grandes descobertas. Presumimos que trens e metrôs deveriam partir em horários fixos. E se tentássemos eliminar essa crença? E se algumas linhas saíssem com intervalos muito curtos, a cada quinze, dez ou cinco minutos? Nesse caso as pessoas não precisariam se adequar a horários fixos; poderiam simplesmente chegar à plataforma a qualquer hora e pegar o trem seguinte. Isso não seria bem melhor para todo mundo do que trens com hora marcada? O escritor Richard Bach eliminou a pressuposição de que seu livro *Fernão Capelo Gaivota* deveria ser lançado como literatura infantil. Nenhuma editora tinha se interessado em publicá-lo até Bach apresentá-lo como um livro inspiracional para adultos. A obra foi sucesso de vendas no mundo todo.

E você? Quais são suas pressuposições em relação ao seu trabalho? O australiano Ron Mueck, por exemplo, trabalhava como vitrinista na década de 1980. Muito criativo, em vez de usar os manequins padronizados, ele começou a fabricar os próprios bonecos que, com o tempo, acabaram se tornando esculturas hiper-realistas impressionantes, feitas com materiais orgânicos, como pele de galinha, vasos sanguíneos e cabelos. Quando um colecionador de arte descobriu seu trabalho, Mueck passou de fabricante de manequins a artista plástico.

Pode ser que você tenha um ofício muito específico e um currículo que sirva de embalagem para seus talentos e experiências. E se você eliminasse essa embalagem? Que oportunidades poderiam surgir? O professor de inovação e consultor Jeff Gaspersz estava trabalhando numa grande empresa de consultoria quando decidiu abrir o próprio negócio:

Em dado momento senti que estava estagnado na carreira, e uma amiga me disse algo pelo que lhe sou grato até hoje: "Pense em termos de energia. A sua determinação é uma energia implacável. Ela só precisa de outro contexto para continuar fluindo." Na mesma hora enxerguei minha situação com outros olhos. De repente me dei conta de que minha energia criativa não dependia de um lugar específico. Essa epifania foi inebriante, uma espécie de liberação emocional. Foi isso que me levou a abrir o próprio negócio.[7]

Costumamos pensar que o sucesso é resultado das coisas que fazemos; apesar de lógico, esse é um raciocínio parcial. O sucesso muitas vezes envolve não fazer certas coisas. Quanto tempo gastamos com questões insignificantes? Se quisermos ter sucesso de verdade, precisamos parar com isso, liberar nossa agenda e jogar toda a tralha fora. Em vez de listas de afazeres, deveríamos iniciar cada dia com uma lista de "não afazeres": o que *não* vou fazer hoje para ter sucesso? Você pode começar eliminando coisas que obviamente desperdiçam seu tempo, como resolver problemas dos outros. Mas pense também no que você anda fazendo para ser bem-visto, como sempre retornar ligações e responder a e-mails na mesma hora. Mais do que tudo, o sucesso tem a ver com ser capaz de *não* fazer determinadas coisas. Nas palavras de Steve Jobs: "Ter foco significa dizer não."

Eliminar pode ser incrivelmente libertador, mas também doloroso. Se você não gosta de jardinagem, pode mandar cimentar seu jardim. Se já não se sente seguro dirigindo, pode vender seu carro. Não é fácil, mas é ótimo. Terminar um relacionamento que não está dando certo (ai), pedir demissão, cortar relações com um parente... Tudo isso são soluções difíceis, mas também libertadoras. Um fim doloroso pode criar chances para um novo começo. E muitas vezes é melhor assumir o controle em vez de esperar que a eliminação aconteça sozinha. Há um ditado neerlandês que diz: "Não jogue fora seus sapatos velhos antes de ter adquirido um novo par." Parece um ótimo conselho, mas não é o que diz a estratégia da eliminação. Muitas vezes, continuar fazendo algo que não está dando certo é bem mais doloroso do que romper padrões. O que você tem a perder? Como disse um grande amigo meu: "Se quiser criar alguma coisa, comece pelo vazio: quanto mais forte o vácuo, maior a força de atração."

Assim, arranque seus rótulos. Jogue fora seus sapatos velhos. Dê uma volta por aí de chinelos ou com os pés descalços. Abra aquele negócio. Quer pintar? Alugue um estúdio e pegue um pincel. Quer viajar? Pegue a estrada e siga o horizonte. Se você souber, bem lá no fundo, que o que está fazendo não está dando certo, *pare*!

# Estratégia da incorporação

*Se não puder vencê-los, adquira-os.*

Nos Países Baixos, o orçamento nacional é apresentado anualmente no *Prinsjesdag*, na terceira terça-feira de setembro, quando o rei discursa. O Ministério das Finanças só divulga o orçamento para a imprensa pouco antes do grande dia, sob rígidas condições de sigilo. Em 2004, porém, graças a um vazamento, o importante canal RTL News conseguiu informações sobre o orçamento quase uma semana antes. No ano seguinte, o ministério impôs uma segurança especialmente rigorosa, mas o RTL News mais uma vez conseguiu dar o furo antes da divulgação. O ministério decidiu, então, mudar de tática. Pieter Klein foi contratado para ser o novo diretor de comunicação do ministério. Onde ele trabalhava antes disso? Pois é, ele era editor de política no RTL News. A abordagem deu certo. Graças à experiência dele, o orçamento naquele ano não vazou e foi anunciado como deveria, com grande orgulho, no dia do discurso do rei.

Pode-se lutar contra o inimigo ou então transformá-lo em aliado. Se não puder vencê-lo, junte-se a ele. Ou contrate-o, como fez o ministério. A *estratégia da incorporação* se baseia nessa ideia e transforma "eles" em "nós". Os times de futebol sabem muito bem disso e costumam contratar os melhores jogadores de times rivais importantes. Assim matam dois coelhos com uma cajadada só: além de obter um bom jogador, também tiram um do adversário.

Podemos incorporar "forças inimigas" em diversas situações, das amigáveis às mais perigosas. Tudo depende do nosso relacionamento com o "inimigo". Digamos que você seja professor. Talvez já tenha tido problemas com alunos que usam o celular durante a aula. Muitos professores se estressam com isso. Algumas escolas até exigem que os alunos deixem o celular numa caixa do lado de fora da sala. É um óbvio exemplo de pensamento emperrado, uma vez que gera muito descontentamento entre os alunos. Por esse motivo, cada vez mais professores estão deixando os alunos usarem os celulares como ferramentas de aprendizado. Afinal, os aparelhos são computadores de bolso. Por que não fazer bom uso de todo esse poder?

A comediante Sara Kroos deu um exemplo parecido. Uma banda estava se apresentando no mesmo prédio que ela e fazendo tanto barulho que atrapalhava seu espetáculo. Ela então convidou os músicos a tocarem para o seu público. A banda aceitou o convite e, para a grande diversão da plateia, a apresentação virou um tremendo baile de carnaval.

Aquisições empresariais hostis são uma forma um pouco mais assertiva de incorporação. O que está em jogo, é claro, é o mesmo benefício estratégico que ocorre quando um clube de futebol contrata um craque de outro time: adquirir um inimigo é uma forma extremamente eficaz de neutralizá-lo. Você se livra de um concorrente ao mesmo tempo que adquire talento e conhecimento novos. Só que aquisições hostis têm seu risco. Na grande maioria dos casos, os lucros da empresa após a aquisição são ainda menores do que a soma do lucro anterior das duas empresas. Mas quando dá certo, como no caso da bem-sucedida aquisição da fabricante de chips VLSI pela Philips em 1999, ou da compra da empresa alemã Mannesmann pela Vodafone um ano mais tarde, trata-se de um caso de dois coelhos com uma cajadada só.[1]

A estratégia básica de incorporação pode ser aplicada nas mais diversas situações. Quando a prefeitura de Amsterdã quis garantir que o novo modelo de vagão de metrô fosse à prova de vandalismo, o conselheiro municipal Mark van der Horst fez uma proposta ousada: convidar vândalos para depredar um dos vagões; essa seria a melhor maneira de aprender como frustrar o vandalismo. As organizações militares também costumam empregar essa estratégia, por exemplo, contratando hackers para melhorar a segurança de TI ou solicitando a ajuda de espiões como agentes duplos. A polícia e os serviços secretos também lançam mão dessa estratégia, como quando usam um ladrão para capturar outro ladrão.

A cidadezinha alemã de Wunsiedel fez um uso brilhante dessa tática. Todo mês de novembro neonazistas marchavam pela cidade, que era onde estava enterrado Rudolf Hess, o segundo na hierarquia do Terceiro Reich; isso transformava Wunsiedel num local de peregrinação para manifestantes de extrema-direita. Os moradores da cidade tentaram durante anos impedir a marcha, sem sucesso, até que em novembro de 2014 o flip thinking aconteceu. Os comerciantes da cidade transformaram a marcha nazista numa caminhada patrocinada: para cada metro percorrido pelos manifestantes, seriam doados 10 euros para a organização antinazista EXIT-Germany. Ou seja, os nazistas na realidade estariam se manifestando contra si mesmos; quanto mais eles caminhassem, melhor. Eles acabaram arrecadando mais de 10 mil euros para a organização antiextremista.[2]

Adversários não precisam ser nossos inimigos e, tendo isso em mente, empresas podem transformar clientes insatisfeitos e raivosos em conselheiros. As críticas, em especial as não construtivas, costumam ser consideradas uma forma de hostilidade, um ataque pessoal. No entanto, na maioria das vezes as pessoas expressam sua frustração por quererem que suas necessidades sejam atendidas. Todas as organizações podem aprender escutando essas necessidades. Empresas inteligentes desenvolvem processos para analisar as queixas dos clientes e usá-las para fazer melhorias.

Algumas empresas levam isso um passo além e chegam a solicitar a participação de seus críticos. A Tussenvoorziening, organização neerlandesa que oferece abrigo e apoio a pessoas em situação de rua na cidade de Utreque, faz isso de forma brilhante. O fundador e diretor Jules van Dam me relatou que "os primeiros anos foram os mais difíceis". Alguns moradores dos bairros onde os abrigos seriam criados se opunham veementemente. A organização aprendeu a aceitar essa resistência como parte essencial do trabalho. Como disse Van Dam:

– Na primeira reunião num bairro novo, há sempre uma enorme comoção. Em geral são duas ou três pessoas que tentam levar a comunidade inteira a se voltar contra nós. Mas depois uma ou duas pessoas costumam vir nos procurar demonstrando certa vergonha dos outros moradores. Elas dizem apoiar nossos objetivos, mas também se mostram preocupadas. Essas são exatamente as pessoas que gostaríamos de ver envolvidas no processo.

A organização cria um grupo de gestão para cada novo abrigo, que fica incumbido de coordenar todo o processo, e algumas das pessoas que estiverem preocupadas mas também demonstrem apoio são convidadas a participar. Isso ajudou a organização a entender que poderia solicitar à prefeitura, como condição para criar os abrigos, algumas melhorias urbanas, como instalação de postes de luz numa rua escura.

– Nosso objetivo é tornar o bairro melhor graças ao nosso abrigo – disse Van Dam. – Levamos a sério as queixas dos moradores e as enumeramos num contrato que fazemos com todos os participantes envolvidos.

Com o tempo, as comunidades se tornam mais receptivas aos abrigos e alguns moradores chegam a se declarar orgulhosos do projeto.

– Preciso acrescentar – disse Van Dam – que a coisa só dá certo quando somos totalmente abertos e honestos. Inclusive abordando os assuntos mais complicados.

Um ano após a inauguração de uma nova unidade, a organização dá uma festa e, segundo Van Dam, um ou outro morador que antes era um crítico ferrenho costuma procurá-lo e dizer algo como: "Você deveria ter falado desde o início que tudo iria correr tão bem!" Um desses críticos iniciais passou a apoiar tanto a organização que se ofereceu para ir a outro bairro ajudar a implementar um abrigo. Só que isso acabou não dando certo. As pessoas o consideraram um "intruso", não um verdadeiro integrante da comunidade de onde vinha.

– Nosso apoiador ficou estarrecido – recordou Van Dam. – "Eu também me comportava assim?", ele me perguntou. E eu respondi, com toda a sinceridade: "Não, você era pior."

Um dos mais inspiradores praticantes da estratégia da incorporação foi Nelson Mandela. Sua vida inteira é prova de que uma única pessoa pode transformar uma sociedade inteira considerando o inimigo "um de nós". Talvez o melhor exemplo disso seja a história dos Springboks, a seleção sul-africana de rúgbi. Originalmente, o time era dominado por africâneres brancos e, portanto, desprezado por muitos sul-africanos durante o apartheid. O símbolo da equipe, um antílope chamado *springbok* (cabra-de--leque), evocava muita raiva e, assim que o Congresso Nacional Africano subiu ao poder em 1995, as pessoas pediram a sua proibição. Mandela, então presidente, foi muito pressionado nesse sentido.

Naquele ano, depois de um longo boicote, a África do Sul pôde mais uma vez participar de torneios de rúgbi internacionais e, para o delírio do país inteiro, superando a divisão racial, os Springboks chegaram à final do Mundial de Rúgbi. A partida foi o jogo do ano. Pouco antes do pontapé inicial, Mandela entrou em campo para desejar sorte a seus conterrâneos. Como ele fez isso? Literalmente incorporando os sinais e símbolos do "inimigo": entrou usando a camisa verde e amarela dos Springboks com o número do capitão, François Pienaar. O estádio inteiro irrompeu em gritos de "Nelson! Nelson!". Depois do jogo, Mandela divulgou um pronunciamento oficial dizendo que os Springboks poderiam manter seu emblema. Foi um gesto profundo de reconciliação. O resultado da partida? A África do Sul venceu a final – como poderia ser diferente? – e se tornou campeã do mundo pela primeira vez na história.

Talvez você esteja perguntando a si mesmo como aplicar a estratégia da incorporação no dia a dia. Bem, a primeira coisa que pode fazer ao deparar com um possível inimigo ou adversário é a seguinte pergunta: o que essa pessoa tem que eu poderia usar? Que motivações ou qualidades essa pessoa tem que poderiam ser incorporadas para apoiar meus objetivos? Então reprima o impulso de enxergar o outro como um inimigo a ser combatido e, em vez disso, cogite vê-lo como parte de você. Avalie com calma se seria possível, como fez Nelson Mandela, vestir a camisa dele.

Sua cunhada gosta de se meter na sua vida? Não lute contra ela. Incorpore-a. Deixe que ela planeje sua festa de casamento! Acha seu tio irritante porque ele vive falando sobre o próprio sucesso? Convide-o para discursar num evento de trabalho! Sua chefe é excessivamente controladora? Peça que ela analise em detalhes o seu projeto e poupe a si mesmo bastante tempo e energia.

Basicamente, não lute contra eles nem colabore com eles (esse é o tema do próximo capítulo). Em vez disso, incorpore-os. Use-os nos seus projetos. Sob a sua bandeira.

# Estratégia da colaboração

*Eu não destruo meus inimigos quando
os transformo em amigos?*

– ABRAHAM LINCOLN

Um grupo de garotos vivia provocando um coleguinha mais novo na escola, pedindo que ele escolhesse uma entre duas moedas. Para o deleite dos pestinhas, o menino sempre escolhia a moeda de menor valor, só porque "era a maior". Certo dia, após testemunhar a cena, uma professora conversou com ele e lhe explicou que a moeda menor valia mais.

– Eu sei – disse o menino. – Mas, quando eles souberem que eu sei, vão parar de me dar dinheiro.

Quando estamos diante de um (suposto) inimigo, existe uma boa chance de entrarmos numa disputa de poder. E como funciona essa disputa? É simples: você faz ameaças, força o outro a ceder e, se tiver poder suficiente, consegue dobrá-lo. Você consegue o que quer. Fim do conflito. Se o outro lado se revelar mais forte, pior para você. Mas em ambos os casos o conflito se resolve. Esse é o modelo em que o vencedor leva tudo.

Só que é raro os conflitos se resolverem de modo tão simples. É mais comum haver um embate longo e acirrado. Quanto mais tempo, dinheiro e energia ambos os lados investem nesse embate, mais difícil fica ceder. No final, todo mundo sai perdendo. Como diz o ditado: "Olho por olho deixa o mundo inteiro cego." Guerras, greves e divórcios litigiosos muitas vezes seguem esse padrão. Acabamos nos dispondo a sofrer muitos reveses por medo de que o outro lado se saia melhor, como um marido insatisfeito que pensa: "Não vou pedir o divórcio de jeito nenhum, porque não quero que minha esposa seja mais feliz com outro."

Mesmo que vença a batalha, você ainda pode perder a guerra. Ao vencer, há uma boa chance de ter humilhado o adversário e a raiva dele se virar contra você feito um bumerangue. Por que a paz alcançada após a Primeira Guerra Mundial não durou? Porque o povo alemão se sentiu muito injustiçado no tratado que pôs fim ao conflito. Na maior parte das vezes, a melhor garantia de um fim definitivo para uma batalha não é abater o inimigo, mas conseguir um acordo satisfatório entre as duas partes. Como escreveu o primeiro-ministro britânico Benjamin Disraeli: "A coisa mais importante na vida, além de saber aproveitar oportunidades, é saber abrir mão de uma vantagem."[1]

Durante a Guerra de Secessão, nos Estados Unidos, Abraham Lincoln fez um discurso no qual se referiu aos rebeldes sulistas nos termos mais favoráveis possíveis. Uma senhora na plateia, defensora inveterada da União, ficou brava com Lincoln. Afinal, havia uma guerra em curso! Lincoln reagiu à objeção dela perguntando:

– Eu não destruo meus inimigos quando os transformo em amigos?

O que podemos fazer em situações hostis – transformar uma ameaça em oportunidade – também podemos fazer com pessoas: forjar um pacto com um (suposto) inimigo e torná-lo um aliado. Podemos redirecionar a energia que foi virada contra nós para um objetivo comum. Essa é a essência da estratégia da colaboração: esquecer as diferenças e enfatizar as semelhanças.

Infelizmente, "colaboração" é uma palavra com forte carga histórica, ainda mais no meu país natal, onde remete à colaboração com os ocupantes alemães durante a Segunda Guerra; ou seja, é uma espécie de traição. Mas decidi dar esse nome à estratégia porque ele descreve exatamente o que ela pretende: cooperar com o inimigo.

A estratégia da colaboração pode ser usada não só com oponentes hostis mas também com adversários neutros e até mesmo com aliados. Como há vários tipos de "inimigos", há também várias abordagens ou "subestratégias".

Colaboração e incorporação podem parecer semelhantes, mas na verdade existe uma diferença crucial. Na incorporação, o lado hostil é trazido para junto de nós, enquanto na colaboração ele permanece independente. Trabalhamos em parceria. Existem muitas maneiras de fazer isso. Uma das melhores é achar uma solução em que todos saiam ganhando.

Em alguns lugares do mundo é mais fácil encontrar Coca-Cola do que medicamentos essenciais. Uma loucura absoluta, mas é a realidade. Por que não pegar carona na rede de distribuição impressionantemente vasta da maior marca de refrigerante do mundo? Foi esse o pensamento por trás da iniciativa ColaLife, que usa o sistema de distribuição da Coca-Cola para transportar remédios contra a diarreia para regiões afastadas da Zâmbia. Em grande parte da África, a desidratação causada pela diarreia é a maior causa de mortalidade infantil. A iniciativa criou pacotes especialmente projetados, chamados de AidPods, que se encaixam perfeitamente nos espaços entre as garrafas de refrigerante. Todo mundo saiu ganhando.[2]

Por que essa história é um bom exemplo de colaboração? Porque, juntas, as duas partes conseguiram realizar algo que jamais teriam conseguido sozinhas. A ColaLife distribuiu os remédios com eficiência, ao passo que a iniciativa foi ótima para a imagem da Coca-Cola.

Outro exemplo: um pedreiro precisava consertar o revestimento do piso num pátio de escola. Enquanto as crianças estavam em aula, ele isolou a área e pôs mãos à obra. No recreio, porém, as crianças entraram correndo no pátio, ultrapassaram a fita e pisaram no chão. Não adiantava pedir que não pisassem ali. O recreio durava uma hora e o pedreiro não podia se dar ao luxo de perder tanto tempo. Então transformou as crianças em ajudantes, pedindo que lhe passassem as pedras que ele estava usando para calçar o pátio. Elas se puseram a trabalhar, entusiasmadas, e o serviço ficou pronto em dois tempos.[3]

Os gestores de uma corporação neerlandesa queriam reorganizar seu departamento de compras, mas nos Países Baixos uma mudança como essa precisa da aprovação de um Conselho Central de Trabalhadores (CCT) que represente os interesses dos funcionários, e o CCT da empresa rejeitou terminantemente a proposta. Em geral, um conflito assim seria resolvido por via jurídica. Só que os gestores, em vez disso, pediram que o CCT explicasse exatamente o que os planos tinham de errado. O CCT fez uma lista de problemas. Qual foi a reação dos gestores? Concordaram integralmente com a lista. Afinal, compartilhavam o mesmo objetivo de fazer o departamento funcionar melhor, e o CCT tinha feito sugestões importantes. Os integrantes do CCT ficaram sem palavras. Estavam tão acostumados a uma atitude de luta e conflito que ficaram estarrecidos com algo que na essência era muito simples e nada combativo: uma curiosidade sincera. Isso revelou que os gestores e o CCT estavam em total sintonia e, depois disso, as mudanças necessárias foram implementadas sem percalços.[4]

Prestar bastante atenção nos interesses comuns pode transformar até mesmo um arqui-inimigo em aliado. Por exemplo, uma estudante que entrevistei no meu podcast costumava se aborrecer muito com as fofocas de uma colega. A turma inteira já tinha se decepcionado com essa moça, que não conseguia guardar segredo de ninguém. Durante o podcast, decidimos usar esse problema a favor da minha entrevistada. Ela queria sair do armário, mas não queria conversar com a turma toda sobre o assunto. Então combinamos que ela contaria apenas à famosa fofoqueira e, é claro, pediria que mantivesse "segredo". Em pouco tempo a turma inteira já estava sabendo. Tempos depois, minha entrevistada relatou que a reação dos colegas "não poderia ter sido mais positiva".[5]

Minha empresa promoveu um evento com o alto escalão da Reclassering Nederland, uma fundação que oferece oportunidades e serviços comunitários a pessoas em liberdade condicional. Nos dois dias de evento, explicamos aos participantes as várias estratégias de flip thinking e lhes pedimos que usassem a intuição para escolher a estratégia que mais poderia beneficiá-los naquele momento. A maioria escolheu a estratégia da colaboração. Por quê? Quem era o inimigo? A imprensa. A fundação tinha aparecido na mídia pouco antes por conta de alguns casos problemáticos. Então o grupo decidiu fazer da mídia sua parceira. Nas palavras dos participantes: "Qualquer grupo de teatro, empresa ou partido político acharia ótimo ter tanta atenção assim da imprensa. Vamos usar isso a nosso favor!"

Poucos dias depois, o presidente do conselho de diretores da Reclassering, Sjef van Gennip, solicitou uma entrevista para um jornal de circulação nacional. Qual foi o resultado? Uma matéria de primeira página apresentando o plano da fundação para melhorar seus serviços, ainda que "com algumas ressalvas", admitiu Van Gennip. "Mas o que a Reclassering queria mesmo era gerar um debate", acrescentou ele. Esse também era o objetivo do jornal. O inimigo se tornou aliado!

Para quem trabalha na indústria do entretenimento, a publicidade sempre salva. Não existe publicidade ruim, como diz o ditado, e o pior que pode acontecer é publicidade zero. Uri Geller, o "paranormal" capaz de entortar colheres com a força do pensamento, passou anos sendo bombardeado pelos jornalistas. O ilusionista James Randi, seu crítico mais famoso, escreveu nada menos que dois livros para desmascará-lo. Qual foi o efeito de todas essas acusações? Exatamente o oposto do que se pretendia! O eterno debate na imprensa sobre se Uri Geller era ou não um charlatão contribuiu muito para o seu sucesso. Foi graças a tantos boatos, atenção e burburinho que seu nome alcançou um status esotérico.

Na estratégia da colaboração, precisamos repensar nossas suposições: existe mesmo um problema ou é só uma questão de perspectiva?

Outra variante da estratégia da colaboração é recorrer à bondade do adversário lhe pedindo ajuda, conselho ou até mesmo um favor. A maioria das pessoas gosta de demonstrar generosidade. Quando tinha uns 13 anos, Steven Spielberg vivia sendo importunado por um valentão do bairro, meio parecido com John Wayne. "Ele me derrubava na grama, ou então segurava minha cabeça no bebedouro, ou esfregava meu rosto no chão nas aulas de educação física até meu nariz sangrar", relembra Spielberg. Ao perceber que jamais conseguiria vencer o rapaz, Spielberg tentou outra estratégia. Já metido com cinema, disse ao algoz: "Estou pensando em fazer um filme sobre a luta contra os nazistas e quero que você interprete um herói de guerra." No início o garoto debochou da ideia, mas depois aceitou o papel, além de várias outras funções durante a filmagem. O valentão viria a se tornar o melhor amigo de Spielberg.[6]

No fim dos anos 1970, na cidade neerlandesa de Bussum, o velho dono de uma mercearia usou um método parecido para lidar com um grupo de adolescentes que vivia furtando suas balas. Os clientes achavam que ele deveria simplesmente proibir a entrada dos jovens, mas ele bolou outro plano. Certo dia, o mais hostil dos garotos estava de novo andando "discretamente" pela loja quando o dono lhe disse:

– Preciso ir lá nos fundos por um minuto. Será que você poderia ficar de olho na loja, por favor? Uns moleques vivem entrando aqui para roubar balas.

O menino aquiesceu e foi se postar feito um segurança em frente ao balcão. Segundo o dono da mercearia, esse garoto nunca mais furtou nada na sua loja.[7]

Outra forma de colaborar com um suposto inimigo é proporcionar a ele uma *saída digna*. Ninguém gosta de se sentir humilhado após uma derrota. Se você puder dar a alguém a chance de se retirar de um conflito de cabeça erguida, é bem provável que a pessoa agarre essa oportunidade.

Sebastian Bailey e Octavius Black citam um ótimo exemplo em seu livro *Mind Gym* (Ginástica mental). Um funcionário não conseguia se acertar com o chefe. Um deles precisava ceder, mas nenhum dos dois queria recuar. Como o chefe estava em vantagem, o funcionário decidiu se inscrever numa agência de recrutamento. Só que ele mudou de ideia e, no dia seguinte, voltou à agência e se derramou em elogios ao chefe. Dias depois, esse chefe foi recrutado pela mesma agência e em pouco tempo conseguiu um emprego melhor em outra empresa. O chefe pediu as contas com satisfação e o funcionário pôde continuar feliz da vida onde estava.[8]

Um método de colaboração particularmente refinado é a *troca de problemas*: algo que é um problema para uma pessoa pode ser uma oportunidade para outra. Por exemplo, há muitos jovens no Brasil que querem aprender inglês, mas não podem pagar um professor particular. Por sua vez, muitos idosos americanos vivem isolados socialmente e adorariam ter alguém para bater papo. O projeto Speaking Exchange, da rede CNA, une de forma genial esses dois grupos para que conversem a distância por videochamadas.

A centenária Catedral de São Bavão em Haarlem, nos Países Baixos, tinha um problema de calefação: 80 mil euros eram gastos todo ano para manter o lugar aquecido. Enquanto isso, uma empresa de TI na cidade vivia o oposto: seus equipamentos de informática produziam muito calor e era preciso gastar somas exorbitantes para resfriá-los. Assim surgiu a solução: a empresa de TI instalou seus equipamentos no subsolo da catedral, que fornece um resfriamento natural ao mesmo tempo que canaliza o calor gerado para os pavimentos superiores da igreja. Nos Estados Unidos, a Microsoft está trabalhando com a Universidade da Virgínia num plano semelhante para usar computadores de data centers como fornalhas digitais para aquecer residências. Já um crematório em Redditch, na Inglaterra, sugeriu que o calor produzido em seus fornos fosse usado para aquecer a piscina pública no terreno vizinho. Apesar de protestos veementes de alguns grupos, a proposta foi aceita e estima-se que a prefeitura esteja poupando 14 mil libras anuais em despesas com energia.[9]

Uma forma bastante especial de colaboração é a que chamo de *doutrina de Frazier-Ali*, que permite a inimigos usarem sua relação antagônica para se beneficiarem mutuamente. Os boxeadores Joe Frazier e Muhammad Ali se enfrentaram diversas vezes ao longo da vida e se tornaram arquirrivais... e não só no ringue. Ali chamou Frazier de "gorila" e "pai Tomás", pois achava que Frazier não estava fazendo o suficiente para apoiar o movimento pelos direitos civis. Frazier não tinha a língua tão afiada quanto Ali, mas quando seu adversário foi diagnosticado com doença de Parkinson, anos depois, aproveitou a oportunidade para se manifestar. "É a justiça divina", disse ele. Poucos anos depois, à medida que o estado de saúde de Ali foi piorando, Frazier disse: "Creio que venci nossa última luta." Qual foi o efeito dessas cruéis alfinetadas? É claro que os dois se magoaram profundamente. Mas no fim das contas a forte rivalidade também ajudou a aumentar a fama de ambos mundo afora. Ao lutar um contra o outro e divulgar sua rivalidade tanto dentro quanto fora do ringue, eles estavam se ajudando mutuamente a virar lendas. Colaboraram de modo mais ou menos subconsciente para construir a imagem pública dessa rivalidade.

Em países com sistemas multipartidários, dois partidos que forem percebidos como "inimigos" podem conquistar, juntos, mais apoio. Os Países Baixos têm vários partidos políticos, e em 2010 o PvdA (progressista) e o VVD (conservador) conseguiram tirar eleitores dos outros partidos. Como? Atacando ferozmente um ao outro. A hostilidade foi benéfica para ambos, porque quanto mais acirradas eram as disputas, mais a atenção se concentrava neles. O espectro político ficou reduzido à simples oposição de esquerda e direita entre esses dois partidos. Então, após a eleição, ambos os "inimigos" surpreenderam os eleitores ao iniciar negociações amigáveis e muito rapidamente formaram um ministério que prometeu trabalhar de modo colaborativo em prol de "interesses comuns".

Uma última forma de colaboração é *explorar* desavergonhadamente o outro. (Só para deixar claro, não estou fazendo nenhum juízo de valor. Cada um é livre para definir os próprios limites. Estou apenas mostrando como funcionam os mecanismos.) Essa técnica foi usada, por exemplo, para combater a importunação do telemarketing. Quem nunca recebeu uma ligação com ofertas de plano de celular, TV a cabo ou cartão de crédito? Lee Beaumont, da cidade de Leeds, na Inglaterra, estava tão farto dessas ligações que bolou uma solução brilhante, e agora o que ele mais quer é recebê-las. Ele decidiu que só daria seu número de telefone pessoal para familiares e amigos, e para todas as empresas (como bancos e operadoras de telefonia) ele daria um número corporativo que cobra uma taxa de quem está ligando. Cada ligação rende a Lee 10 centavos de libra por minuto. Ele rapidamente ganhou mais de 300 libras e diz que tenta fazer com que essas ligações durem o máximo possível.

Para concluir este capítulo, mais um final feliz.

Na Bélgica, uma senhora de 60 anos que sofria de doença de Parkinson caiu no banheiro de casa e não conseguiu se levantar. "Achei que fosse morrer naquela noite", disse ela ao jornal belga *De Standaard*. "Fiquei estatelada no chão, com muita dor nos músculos, nas costas e na cabeça. Eu me cobri com uma toalha para me manter aquecida." Algumas horas depois, ela foi despertada por barulhos estranhos dentro de casa. Pensando que fosse a polícia, gritou pedindo ajuda. Acabou que eram dois ladrões. A senhora gritou tanto por socorro que, no fim das contas, um deles ligou para a emergência. A polícia chegou em dez minutos e os ladrões fugiram de mãos abanando.

# Estratégia da instigação

*Significado para quê? A vida é desejo, não significado.*

– CHARLIE CHAPLIN

Eis uma história tirada da Idade das Trevas dos computadores. No fim dos anos 1980, um dos departamentos da British Airways estava prestes a ser informatizado. A maioria dos funcionários considerava essa transição uma ameaça. O que seria de seus bons e velhos métodos de trabalho? Haveria treinamento suficiente? Esse assunto foi amplamente debatido em reuniões, mas os funcionários continuavam resistentes à ideia. Como convencê-los?

Há basicamente dois motivos pelos quais agimos: porque desejamos algo ou porque tememos algo. É simples assim. Amor *versus* medo. Desejo *versus* aversão. Sim-e *versus* sim-mas.

E qual é o melhor motivador? Medo ou desejo? Sabemos quase instin-tivamente que, de modo geral, o medo motiva mais as pessoas do que a recompensa. Quando não nos sentimos seguros, quando temos medo de algo, tendemos a agir na mesma hora. Como a segurança é uma necessida-de básica da vida, a priorizamos. Gestores e consultores experientes sabem disso. Esta é a base da estratégia do castigo: se você não fizer o que eu digo, vai doer. Nos Países Baixos, costumamos usar a metáfora da *brandende olieplatform* (plataforma de petróleo em chamas): quando entendem quão perigosa é uma situação, os funcionários começam a agir. Se necessário, até pulam da plataforma direto no mar; qualquer coisa para se salvar do incêndio. Então gestores bombardeiam seus subordinados com ameaças: "Se não melhorarmos os resultados, vamos falir"; "Pelo visto, vamos ter que mandar embora metade do quadro". Isso funciona? Bem, a curto prazo, com certeza. As pessoas geralmente encaram o desafio. A questão é que se o medo for o único motivador, uma vez passado o perigo pior, elas tendem a voltar ao ritmo normal.

Vê-se muito isso nos processos de reestruturação empresarial. Todo mundo fica muito empolgado por um período e os funcionários parecem entrar na onda, mas em pouco tempo começam a resistir. Para levar as pessoas a abraçar a mudança, é preciso motivá-las não tanto com o que elas não querem, mas com o que elas *querem*. Como se faz isso? Como *fazer* com que alguém queira alguma coisa? Não seria um paradoxo? Como diz o ditado: pode-se levar um cavalo até a água, mas não se pode obrigá-lo a beber.

Vejamos como a British Airways lidou com a resistência à informatização. A empresa poderia simplesmente ter adotado uma abordagem agressiva, talvez até ameaçado mandar embora quem continuasse reclamando. Em vez disso, um computador foi instalado num canto da sala e os funcionários foram convidados a experimentá-lo. Eles ficaram tão assombrados com tudo que o equipamento era capaz de fazer e com a facilidade de usá-lo que começaram a perguntar se não dava para acelerar a instalação de todos os computadores.

O medo pode mover as pessoas por um curto período, mas o desejo impulsiona mudanças de longo prazo. Se as pessoas desejarem profundamente alguma coisa, se for um desejo intenso, então por conta própria elas vão fazer (e continuar fazendo) o que for preciso para consegui-la. Assim, a *estratégia da instigação* tem a ver com tocar o coração das pessoas e despertar seus desejos.*

O desejo é uma das forças mais lindas da vida. É algo genuíno, autêntico. Desejar algo é uma das sensações mais puras que alguém pode ter. O desejo é espontâneo, incontrolável e sincero. Como disse o filósofo Ernst Bloch:

> Cheguei à conclusão de que o desejo é a única qualidade humana honesta. Os seres humanos podem mentir em relação a tudo. Algo

---

\* Em outro livro, sobre como aplicar o flip thinking na criação de filhos e na educação, escrevi o seguinte: o segredo é desviarmos nossa atenção daquilo que não queremos (o comportamento irritante) para aquilo que nossos filhos desejam.

falso pode se insinuar em tudo. O amor pode ser uma enganação; a cortesia, fruto da criação. A caridade pode ter motivações egoístas, mas o ser humano não tem como manipular o desejo. O ser humano é o próprio desejo.[1]

Estou escrevendo este livro numa casa tranquila, afastada da cidade. Ao olhar pela janela, vejo uma grande campina suavemente inclinada e rodeada por uma cerca. No canto dessa campina, não muito longe de mim, está um pequeno cavalo, cor de chocolate, com a crina branca e uma mecha rebelde de pelos pendurada diante dos olhos. Apesar do tamanho da campina, ele geralmente passa horas a fio em pé no mesmo trecho enlameado ali no canto, quase sem se mexer. De vez em quando, porém, como um raio rasgando o céu azul, ele começa a correr. E, quando digo correr, quero dizer *disparar*. Ele zune de um lado para outro da campina como uma criatura possuída. Selvagem e exuberante, deleita-se com a própria velocidade. É quase como se chegasse a saltitar de vez em quando. Depois de se fartar de correr, ele volta para o seu canto. Ver esse cavalinho em disparada me emociona muito. Ele obviamente é tão cheio de energia e vivacidade que adora correr... porque sim. É o desejo em sua forma mais pura.

Tudo isso nos leva a dois questionamentos óbvios: primeiro, o que as pessoas desejam? Segundo, como podemos usar esse desejo no flip thinking?

Muitas teorias e pesquisas foram dedicadas ao estudo dos desejos humanos. A famosa pirâmide de Abraham Maslow os organizou numa hierarquia: na base, as necessidades primárias, como comida e abrigo, e no topo, o desejo de realização pessoal e de contribuir significativamente para a humanidade. A teoria educacional enfatiza três necessidades fundamentais: relacionamentos interpessoais, autonomia e competência. O professor de psicologia Robert Cialdini formulou seus seis "princípios de persuasão" em torno do nosso desejo de reciprocidade; compromisso e coerência; aprovação social; autoridade; afeição; e mercadorias escassas.

Eu queria descobrir a melhor maneira de usar o desejo para transformar problemas em oportunidades. Em vez de começar com uma teoria, reuni todas as histórias que colecionei ao longo dos anos e as categorizei. Isso me permitiu distinguir quatro impulsionadores da estratégia da instigação: escassez, reciprocidade, coerência e autonomia.

O princípio da *escassez* se baseia na tendência das pessoas de desejar uma coisa com mais fervor quando o estoque é limitado. A escassez é pior que a indisponibilidade. Bem pior. Se algo não estiver disponível, bem, que pena, paciência. A gente entende. Por outro lado, se algo for escasso, só algumas pessoas poderão obtê-lo e talvez fiquemos de fora. Isso nos enlouquece. De modo geral, quanto mais escasso o produto, mais forte a atração que ele exerce. Robert Cialdini tem o seguinte a dizer sobre isso:

> Se uma coisa for escassa e se precisarmos lutar por ela, vamos querê-la. Há uma fila enorme em frente à loja? Corra para lá! Há outro pretendente na jogada? Conquiste primeiro! Está vendendo sua casa? Encontre um novo comprador! Há algo de físico nessa empolgação. Pense no apetite dos animais.[2]

Profissionais de marketing têm várias técnicas para atrair consumidores com base nesse princípio: escassez de tempo ("só hoje", "compre agora mesmo e ganhe 50% de desconto", "oferta válida só até a meia-noite"); escassez de volume ("últimos exemplares", "enquanto durarem os estoques", "corra antes que acabe"); e escassez de acessibilidade ("somente para sócios", "exclusivamente para assinantes").

O marketing também sabe se aproveitar do nosso desejo de *reciprocidade*, um dos mais fortes mecanismos psicológicos. O ser humano acredita muito que cada um recebe aquilo que dá. Se você me ajudar, eu ajudo você. Não se pode subestimar o poder dessa crença. Em todas as culturas, as pessoas que violam o princípio da reciprocidade são criticadas e condenadas como egoístas e gananciosas. Ainda me lembro do meu pai, com os olhos chispando, falando de um "amigo" de décadas que era fumante mas nunca tinha um maço de cigarros e vivia filando o dos outros. A raiva com que meu pai falava sobre isso me ensinou uma regra importante quando eu era criança: se você pede, é melhor também oferecer. Até grupos de amigos que dizem não ligar para isso têm noção de quanto cada um consumiu na hora de pagar a conta do restaurante. Pesquisas mostram que se não há equilíbrio entre dar e receber num relacionamento amoroso, ambas as partes sentem mais solidão.[3] Os psicólogos Pieternel Dijkstra e Gert Jan Mulder escrevem: "A necessidade de equilíbrio entre dar e receber contraria a ideia que algumas pessoas têm de que a amizade (ou, de modo mais amplo, o amor) deve ser incondicional. Apesar de muito romântico e nobre, esse conceito não reflete a realidade."[4]

O mecanismo da reciprocidade explica por que médicos ganham viagens patrocinadas, por que as amostras grátis nos supermercados funcionam e por que as empresas gastam tanto dinheiro com brindes e eventos para os funcionários. Quem recebe esses benefícios se sente obrigado a dar algo em troca, seja uma avaliação positiva de um remédio novo, a compra de um delicioso queijo ou horas extras de trabalho. O mecanismo também explica por que muitas vezes achamos difícil aceitar algo "sem um motivo especial". Intuitivamente sentimos que, de uma forma ou de outra, algo será esperado em troca.

Essa estratégia também pode ser usada ao contrário. Uma família estava incomodada com o fato de um vizinho idoso ser frequentemente importunado pelos adolescentes do bairro. Eles então bolaram uma solução engenhosa: decidiram recompensar os adolescentes pela importunação. Chegaram para eles e disseram:

– Precisamos da ajuda de vocês. Detestamos aquele senhor. Vamos pagar 10 euros por dia se vocês infernizarem a vida dele.

Os garotos escutaram com atenção e o acordo foi feito. A importunação aumentou drasticamente. Algumas semanas depois, os "patrocinadores" tornaram a procurar os meninos e disseram que estavam meio sem dinheiro e teriam que interromper os pagamentos, mas perguntaram se poderiam, por favor, continuar importunando o vizinho mesmo assim. Os garotos ficaram indignados. Queriam que eles trabalhassem sem receber nada em troca? Que absurdo! A importunação cessou.[5]

O mecanismo da reciprocidade é tão poderoso que consegue inclusive salvar vidas. O cientista Irenäus Eibl-Eibesfeldt conta a história de um soldado alemão da Primeira Guerra Mundial especializado em invadir a zona inimiga. Certo dia, o alemão conseguiu mais uma vez ultrapassar a linha de combate e render um soldado. O homem desavisado estava sentado comendo um pão. O que ele fez ao ser surpreendido? Totalmente em pânico, ofereceu um pedaço. O alemão ficou tão desconcertado com essa oferta bizarra que deixou o soldado em paz, deu meia-volta e retornou para sua trincheira.[6]

A terceira alavanca para a instigação é o desejo de *coerência*. As pessoas querem ser vistas como coerentes e também esperam isso dos outros. Queremos que as pessoas façam o que dizem que vão fazer e também que não mudem o que estão dizendo a cada cinco minutos. Pessoas que percebemos como inconstantes são consideradas "pouco dignas de confiança" ou até mesmo irracionais, ao contrário das pessoas coerentes. Isso não é nenhuma surpresa: uma sociedade em que as pessoas se comportam conforme o combinado funciona muito melhor. O princípio da coerência está tão enraizado na cultura humana que representa uma forma poderosa de influenciar pessoas.

Mais uma vez, os profissionais de marketing são mestres nesse ofício. Uma de suas técnicas é fazer uma série de perguntas para as quais a resposta com certeza será "sim". Depois que você diz "sim" algumas vezes, fica mais difícil responder "não", mesmo que um "sim" não tenha nada a ver com outro. Digamos que uma vendedora queira vender uma geladeira maior e mais cara do que a escolhida pelo cliente. Ela pode começar com a pergunta: "O senhor gosta de tomar uma cerveja de vez em quando?" Há uma boa chance de o cliente responder: "Ah, gosto, sim." A vendedora então emenda com: "E gosta que sua cerveja esteja bem gelada?" Mais uma vez o cliente responde: "Sim." Ninguém gosta de cerveja quente. A vendedora então pergunta: "O senhor costuma tomar cerveja em casa com os amigos?" O cliente já nem precisa mais responder; um meneio de cabeça já basta. "Então o senhor gosta de ter bastante cerveja geladinha na geladeira, pronta para ser saboreada, sem que sua esposa reclame que não há espaço para mais nada?" É claro que o cliente concorda e a vendedora dá o bote: "Então que tal aproveitar esta oferta maravilhosa enquanto temos no estoque?" (Não custa acrescentar uma pitada de escassez.)

Fazer elogios é uma variação inteligente dessa técnica. Se um chefe elogia um funcionário pela eficiência, o empregado vai querer ser sempre visto dessa forma e vai se esforçar para ser muito eficiente. É muito útil, por exemplo, lisonjear um adversário pedindo-lhe um favor. Parece contraditório, mas a lógica é linda. Ao pedir ajuda, você sugere que as qualidades da pessoa superam as diferenças entre vocês, e ela vai querer se comportar à altura. Benjamin Franklin tinha conflitos constantes com um opositor político na Pensilvânia. Por mais respeitoso que Franklin se mostrasse com ele, o homem era sempre extremamente hostil. Qualquer tentativa de reconciliação era recebida com cinismo. Franklin então tentou uma nova abordagem. Sabia que o homem tinha na sua biblioteca pessoal um livro muito raro. Ele lhe mandou um pedido por escrito para pegar o livro emprestado, e o homem na mesma hora mandou lhe entregarem o exemplar. Franklin devolveu o livro uma semana mais tarde acompanhado por uma carta de agradecimento formal. E o que aconteceu depois disso? A relação entre os dois melhorou e eles acabaram construindo uma amizade para além da carreira política.[7]

Por mais racionais que pensemos ser, nossos desejos infelizmente são alimentados por uma profusão de considerações irracionais. O que mais desejamos? Aquilo que é proibido. Por quê? Porque a proibição viola nosso conceito de *autonomia*, de determinação, a ideia de que tomamos as próprias decisões. Por isso costuma ser tão ineficaz – ou, mais ainda, contraproducente – proibir adolescentes de experimentar álcool ou drogas. A proibição gera desejo. Quanto mais rígida a proibição, maior o apelo do que é proibido. Isso significa que proibir coisas, ou negar acesso a elas, pode ser uma estratégia eficiente para levar alguém a querê-las ainda mais.

Só que essa quarta técnica, que se aproveita do desejo de autonomia, não precisa envolver proibição alguma. Aqui em casa, quando nossos filhos eram mais novos, as férias eram sempre um desastre. Um queria fazer uma coisa; os demais queriam fazer outra. Encontrar atividades que agradassem a todos era um sacrifício. O resultado eram muitos resmungos e muita irritação. Por fim, tivemos a ideia de fazer listas de desejos e nos esforçar ao máximo para que todos realizassem seu maior desejo naquelas férias. Para nossa surpresa, muitas das coisas listadas não eram o que esperávamos, como parques de diversões, mas coisas simples, como certo prato no jantar. Com essas listas de desejos, criamos um dia especialmente dedicado a cada um de nós. Para nossa grande satisfação, isso teve dois efeitos positivos: cada um tinha seu dia especial e, de quebra, descobrimos que adorávamos proporcionar um dia especial uns aos outros.

Um colega sugeriu que eu e minha companheira usássemos a técnica da autonomia para fazer com que nossos filhos comessem verduras. Como a maioria das crianças, as nossas não gostavam de comer nada verde, mas amavam panquecas. Então esse colega sugeriu que colocássemos verduras nas panquecas. Começamos a pôr espinafre na massa e os meninos comiam sem reclamar. Mas essa dica não estaria incluída no livro se a história tivesse terminado por aí. Afinal, a estratégia de camuflar hortaliças em guloseimas já é bem conhecida hoje em dia. O verdadeiro flip thinking só aconteceu alguns anos depois. Certo dia servimos panquecas normais, mas os meninos não quiseram comê-las. Eca, quem gosta de panqueca desbotada? Cadê as panquecas normais e verdinhas?

Nossos desejos podem ser usados tanto para nosso bem quanto contra nós. É triste, mas é um fato. Assim, precisamos transformar os desejos alheios em oportunidades. O difícil, claro, é que o desejo de uma pessoa nem sempre é óbvio. Às vezes nem ela sabe direito qual é, ou não quer dizer. Revelar desejos nos torna vulneráveis. A boa notícia é que, se nos esforçarmos, podemos descobrir até mesmo os mais extravagantes desejos ocultos das pessoas. Para ilustrar, vou concluir com a história do hospital Griffin, em Derby, Connecticut. A beleza dessa história é que a técnica usada foi extremamente simples, mas os resultados foram sem precedentes.

As coisas não estavam indo bem para o hospital, e o conselho tinha encarregado um novo CEO, Patrick Charmel, de construir uma nova ala de maternidade para poderem competir melhor com os outros hospitais. Charmel começou fazendo uma pesquisa com mulheres que tinham dado à luz no hospital e lhes perguntou como seria a sala de parto ideal. As mulheres expressaram todo tipo de desejos inesperados, como pernoite dos parceiros, presença autorizada dos avós durante o parto, áreas de brincadeira especiais para as crianças, banheiras de hidromassagem e cozinhas privativas. A lista de desejos era tão exótica que nenhum hospital sequer chegava perto de atender todos eles. Então o que Charmel fez? Estabeleceu para si o objetivo de realizá-los. Como não havia camas de casal para pernoite dos parceiros, Charmel mandou fabricá-las. Diziam que banheiras de hidromassagem causavam infecções, mas ele investigou e descobriu que isso era um mito. No fim das contas, Charmel conseguiu realizar quase todos os desejos das pacientes. Elas eram só elogios para a ala nova. O lugar tinha um clima mais positivo e atencioso. Havia certo caos e alguma aporrinhação? É claro, como quando as famílias organizam festas. Alguns funcionários chegaram a pedir as contas. Mas foram substituídos por outros melhores! A nova maternidade se revelou um poderoso atrativo para novos funcionários solidários com as pacientes. O projeto foi um imenso sucesso, não só em matéria de satisfação – que subiu a 96%, um nível sem precedentes no setor de atendimento médico – mas também em termos de lucro. O hospital saiu do vermelho e em pouco tempo já tinha excedente para reformar o restante de suas instalações. Com os anos, o Griffin recebeu dezenas de prêmios, entre eles uma menção nas 100 Melhores Empresas para se Trabalhar da revista *Fortune*. Em 2008, o hospital figurou nessa lista pelo nono ano consecutivo, feito jamais alcançado por nenhum outro hospital dos Estados Unidos.[8]

*Estratégias 12 a 15*

## Jogar

Este conjunto de estratégias se baseia na premissa de que a pessoa que cria as regras geralmente ganha o jogo. Então o caminho mais rápido para o flip thinking às vezes é mudar as regras. Aprenda táticas que enfatizam a criatividade, a inteligência e o humor.

# Estratégia da ostentação

*Todas as pessoas desempenham um papel, exceto talvez alguns atores.*

No estado americano do Kentucky, a pedra calcária localizada abaixo do solo é com grande frequência levada pelas águas, abrindo assim uma imensa vala chamada dolina, que às vezes engole casas inteiras. Foi o que aconteceu com o Museu do Corvette, em 12 de fevereiro de 2014. Imagens mostram uma dolina com extensão de 12 por 10 metros se abrindo em poucos minutos, e nada menos do que oito Corvettes desaparecendo lá dentro. A tragédia parecia significar o fim do museu, e a direção se apressou para encontrar maneiras de arrecadar dinheiro para aterrar a dolina. Mas então mudaram de ideia, porque a dolina com os Corvettes engolidos logo se tornou uma atração turística. Desde o desastre, as visitas subiram 60% sem nenhum aumento de publicidade. O museu chega a vender camisetas e postais com imagens da cratera.

Já fui diretor de teatro e aprendi com essa experiência a aceitar desafios de todos os tipos. Digamos que um ator suba no palco para uma improvisação e diga: "Grrr, grrr, eu sou um urso." Obviamente não daria certo se o companheiro de cena dissesse "Na verdade você parece mais um coelho", ou "Que urso, que nada, você é um ator". Recusar-se a aceitar o que quer que aconteça no palco é uma sentença de morte para uma cena.

Mas não são só os intérpretes que aprendem a aceitar problemas: diretores e roteiristas também. Na verdade, adoramos problemas, pois eles são o combustível de uma trama envolvente. O público adora estar sentado no maior conforto, comendo pipoca, vendo o herói arrancar os cabelos. Uma boa regra para se escrever um roteiro empolgante é pensar em algo que você jamais desejaria vivenciar, sob nenhuma circunstância, e fazer com que seu protagonista passe noventa minutos lutando contra isso.

Na vida real problemas têm consequências, mas não na ficção. A ficção é um ambiente seguro para enrascadas. Às 21h25, um ator pode estar amaldiçoando o universo pela morte da amada e, às 21h32, estar nas coxias com uma cerveja na mão contando piada. Aprender a se adaptar aos problemas é uma vantagem da profissão. Sentimos que podemos domar as situações difíceis da mesma forma que domaríamos um cavalo arisco. Aprendemos a examinar os problemas de todos os ângulos. Jogar com eles permite que os controlemos, e assim descobrimos que eles não nos definem. Problemas são algo que *temos*, e podemos fazer o que quisermos com eles.

Isso nos leva à décima segunda estratégia, a da *ostentação*. Com ela, mostramos aquilo que em geral preferimos esconder.

Certa vez cheguei tarde para dar um treinamento. Felizmente eu sabia que a turma tinha senso de humor. Ao chegar, falei para todo mundo:

– É claro que eu sinto muito por ter chegado com quinze minutos de atraso. Poderíamos pular parte da aula, mas em vez disso por que não fazemos o seguinte: atrasem seus relógios em quinze minutos, peguem suas coisas e saiam da sala enquanto eu me preparo. [Eu uso vários adereços nesses treinamentos.] Voltem quando eu chamar. Prometo dar uma aula quinze minutos mais curta, mas com quinze minutos de conteúdo a mais. Tudo bem assim?

A turma concordou de bom grado e entrou na brincadeira com entusiasmo. Um dos alunos chegou a se desculpar por ter demorado a voltar.

Em geral, quando temos um problema, nossa inclinação é escondê-lo, o que pode resultar em situações extremamente constrangedoras. Os gagos sabem disso melhor que ninguém. Quanto mais evitam a gagueira, pior ela fica. Como diz um ótimo ditado: gaguejar é tudo que você faz para tentar não gaguejar. É um exemplo perfeito de círculo vicioso, um sistema que reforça a si mesmo. O psicólogo Paul Watzlawick descreve o tratamento bem-sucedido de um vendedor gago. Ele sugeriu que o homem tentasse gaguejar de propósito para imitar a si mesmo da melhor maneira possível. Quanto mais o vendedor imitava a gagueira, mais fluente era sua dicção.

A essência da estratégia da ostentação é simples: mostre o problema em vez de escondê-lo. O bom é que podemos aplicar essa estratégia a muitas áreas diferentes da vida. Nossa tendência a esconder os problemas é tão forte que o reflexo contrário, exibi-los de propósito, talvez seja uma das estratégias mais eficazes do flip thinking. Se você empregar essa estratégia, vai notar que a vida se torna muito mais divertida, leve e criativa – tanto para você quanto para as pessoas à sua volta.

Para categorizar essa estratégia, também me baseei numa série de exemplos e foi difícil escolher quais apresentar aqui. Quando se trata de ostentação, cada história é mais surpreendente que outra. Sendo assim, para esta parte do livro, decidi me concentrar numa pequena coleção de histórias que representam quatro abordagens-chave. A primeira é ilustrada pela história do Museu do Corvette, no Kentucky: tratar o desastre como intencional. Não tente consertar o problema, trabalhe com ele. Outro exemplo é o de uma empresa de estamparia na ilha havaiana de Kauai. Quando o furacão Iniki atingiu a ilha, em 1992, a empresa sofreu grandes perdas por causa das enchentes e da terra vermelha trazida pela tempestade. Todas as camisetas brancas que seriam estampadas ficaram molhadas e imundas. Em vez de jogá-las fora, a empresa decidiu secá-las, manchadas de lama e tudo. Elas ficaram num tom peculiar de marrom e foram estampadas com textos e imagens tipicamente havaianos. Fizeram tanto sucesso que a empresa começou a se especializar em tingir tecidos com lama.

Talvez um exemplo ainda mais drástico da abordagem *o-desastre-veio- -a-calhar* venha da Nova Zelândia. Durante um terremoto, a garagem de Phil Johnson, em Christchurch, foi atingida por uma gigantesca rocha de aproximadamente 25 toneladas. A rocha caiu em cima do telhado e bloqueou a saída. Um desastre. Não só os danos foram enormes como Phil se viu de posse de uma rocha da qual não seria fácil se livrar. O que ele fez então? Apelidou carinhosamente a rocha de "Rocky" e... a leiloou na internet. Junto de uma foto da rocha, Phil publicou um texto no qual explicava – com muito humor – por que ela seria um investimento fantástico. Seu anúncio logo ganhou centenas de comentários, entre eles muitas piadas relacionadas a pedras. O leilão incomum de Phil ganhou o noticiário internacional. E como a história acabou? No dia 4 de março de 2011, o leilão se concluiu com um lance de nada menos que 60.050 dólares neozelandeses (cerca de 180 mil reais).* E mais: a pessoa que arrematou a rocha tinha que arcar com sua remoção, condição que Phil havia incluído em letras miúdas no anúncio.

Uma segunda variante da estratégia da ostentação é a que descrevo como *se-não-conseguir-esconder-pinte-de-vermelho*. Elton John tem uma doença ocular que o obriga a usar óculos até no palco. Não é exatamente sexy. No início isso pareceu um ponto negativo para sua carreira, mas ele o transformou em positivo tornando os óculos extravagantes sua marca registrada.

Servir uma cerveja Guinness é uma tarefa demorada. Primeiro o barman enche três quartos da tulipa, depois espera, espera, espera até a espuma assentar, e finalmente enche até a borda. Isso se tornou uma questão a partir do início dos anos 1990, quando o ritmo da vida se acelerou sob muitos aspectos. Os frequentadores dos bares não queriam mais esperar vários minutos para sua cerveja ser servida, e as vendas de Guinness despencaram em toda a Grã-Bretanha. A empresa veiculou comerciais explicando o único jeito "certo" de servir uma Guinness, acompanhados por slogans como "Boas coisas acontecem com quem sabe esperar" e "Leva 119,53 segundos para servir a tulipa perfeita". Nem todo mundo domina essa arte, segundo o mestre cervejeiro da Guinness, Fergal Murray. Servir uma tulipa de Guinness se tornou parte de um ritual sagrado dos pubs. A Guinness recuperou sua fatia de mercado ostentando justamente aquilo que pouco antes tinha sido a causa dos seus problemas.[1]

Um último exemplo dessa técnica: imagine que você administre um hotel barato. Como competir com os outros hotéis? Vejamos o que fez o hotel Hans Brinker, em Amsterdã. Por iniciativa da agência de publicidade KesselsKramer, a rede decidiu enfatizar abertamente o fato de oferecer um serviço (muito) barato lançando uma campanha com o slogan: "Venha dormir no pior hotel do mundo!" E quais são os principais atrativos do hotel? Ausência de estacionamento, de sauna, de ar-condicionado, de frigobar e de serviço de quarto. Os anúncios exibem sem qualquer pudor imagens de camas desarrumadas, colchões sujos e chuveiros imundos. As dores nas costas de manhã e os desjejuns intragáveis também eram mostrados, junta-

---

* Phil Johnson afirmou que o dinheiro ganho com a venda de Rocky seria doado para o fundo de auxílio da cidade, criado para ajudar as vítimas do terremoto.

mente com imagens dos hóspedes antes (radiantes e animados) e depois da estadia no hotel (cabelos desgrenhados e com manchas vermelhas pelo rosto). Num dos anúncios, as letras do letreiro néon da fachada estão apagadas e o anúncio explica que "nosso foco é a sustentabilidade". A campanha não tem limites. Já há quinze anos funciona como um criativo e muitas vezes hilariante chamariz para a rede.

Chamo a terceira abordagem da ostentação de *estratégia da inferioridade*, em homenagem ao comediante, escritor e produtor de TV inglês Stephen Merchant, que costuma dizer: "Eu me inferiorizo diante da plateia."[2] O que ele quer dizer com isso é que, como palestrante, comediante ou ator, você deveria sempre adotar uma posição inferior à do seu público. É claro que pode fazer um comentário inteligente, mas sempre da posição de subordinado. Por quê? Porque isso torna você humano. As pessoas se identificam menos com os tipos aparentemente bem-sucedidos do que com os desajustados, pois reconhecem nesses algo de si. Afinal, existe alguém que não pise na bola de vez em quando?

O apresentador de talk show David Letterman estava com um problemão. Tinha tido vários casos extraconjugais com colegas de trabalho e um belo dia recebeu uma carta na qual o remetente ameaçava revelar os relacionamentos secretos a menos que Letterman lhe pagasse 2 milhões de dólares. Letterman respondeu ao chantagista, um produtor da CBS, enviando-lhe um cheque falso. O homem tentou depositar o cheque e foi preso, e o caso poderia ter se resolvido assim. Só que Letterman decidiu revelar no programa os casos que teve e a tentativa de chantagem. "Sinto que preciso proteger essas pessoas e com certeza preciso proteger minha família", explicou. Ele reconheceu as traições e pediu desculpas à esposa, às colegas e ao público. A plateia não o vaiou; recompensou sua franqueza com aplausos. E mais: a confissão virou um imenso sucesso. O episódio se tornou um dos mais assistidos do programa.

Chamo a última variante da estratégia da ostentação de *abordagem Sagrada Família*, em homenagem à basílica de Barcelona projetada pelo renomado arquiteto Antoni Gaudí. Iniciada em 1882, a construção avançou a passos de tartaruga. Gaudí ficou tão obcecado pelo trabalho que não aceitou nenhuma outra encomenda até sua morte, em 1926, e chegou a ir morar no canteiro de obras. As ambições artísticas de Gaudí eram tão imensas que ele faleceu antes de terminar a basílica, e outros arquitetos então assumiram o projeto e deram continuidade à construção no mesmo ritmo lento e com o mesmo nível de perfeccionismo. A obra ainda está em andamento. Segundo o cronograma atual, é improvável que a igreja esteja concluída no centenário da morte de Gaudí, em 10 de junho de 2026. Mas o fato de ela não estar terminada constituiu um problema? Longe disso: a basílica atrai milhões de visitantes anualmente, e o fato de não estar concluída faz parte da sua lenda. Seria possível dizer até que a Sagrada Família arrisca perder parte do seu poder mágico de atração se algum dia for concluída.

O que podemos aprender com a história da Sagrada Família? Ela nos ensina que pode ser útil transferir nosso foco do produto final para o processo em si, e que as dificuldades encontradas pelo caminho podem ser ostentadas. Como a ficção nos mostra, nos solidarizamos com aqueles que lutam, tropeçam, caem e mesmo assim seguem em frente. Podemos achar que os outros se interessam mais por nossos sucessos, mas eles também se interessam, pelo menos em igual medida, pela nossa jornada, especialmente se ela foi difícil, cheia de obstáculos e exigiu sacrifícios. É quase certo que vamos inspirar mais solidariedade e admiração se revelarmos nossas dificuldades em vez de escondê-las. Pense em como é irritante ouvir alguém tagarelando sobre o sucesso dos próprios filhos. Preferimos conversar sobre o desafio que é criá-los. Os sucessos podem apenas ser admirados, mas as preocupações podem ser compartilhadas.

A Johnson & Johnson tinha no analgésico Tylenol sua galinha dos ovos de ouro: o remédio dominava 37% do mercado e as vendas somavam 1,2 bilhão de dólares por ano. Em 1982, no entanto, a empresa se viu diante de um desastre: frascos de Tylenol em alguns revendedores de Chicago estavam contaminados com cianeto. Sete pessoas morreram num curto período e o culpado não foi encontrado. Todos os veículos da mídia cobriram o incidente, e a fatia de mercado do Tylenol caiu imediatamente para apenas 7%. Analistas previram que isso significaria a morte do produto e talvez até da empresa. No entanto, apesar disso tudo, a Johnson & Johnson conseguiu recuperar as vendas do Tylenol em seis meses, e a imagem da empresa se tornou melhor do que nunca. Qual foi o segredo? A direção sabia que simplesmente alegar inocência e se esquivar de qualquer responsabilidade seria uma estratégia equivocada. Em vez disso, optou pela máxima transparência e assumiu parte da culpa. Embora o incidente só tenha afetado a cidade de Chicago, o produto foi recolhido no país inteiro, e 31 milhões de frascos foram retirados das lojas. O CEO James Burke atendeu a imprensa, deu entrevistas coletivas e participou de noticiários na televisão. Ele enfatizou constantemente o fato de a empresa se sentir responsável pelo que tinha acontecido, e uma linha gratuita foi criada para tirar dúvidas dos consumidores. O Tylenol foi reintroduzido dez semanas após o incidente com novas embalagens triplamente lacradas.

A estratégia se revelou um enorme sucesso. Até o presidente Ronald Reagan elogiou a empresa por demonstrar responsabilidade. Os cursos de administração consideram a reação da Johnson & Johnson o exemplo perfeito de gerenciamento de crise.

Não deveríamos jamais partir do princípio de que nossos fracassos são problemas intransponíveis. Considere sempre a possibilidade de ostentá-los. A seguir, um último exemplo de como a oportunidade pode surgir mesmo no meio de um aparente desastre.

Um afresco oitocentista de Jesus chamado *Ecce Homo* (Eis o Homem), numa igreja da cidadezinha espanhola de Borja, estava extremamente desbotado. A paroquiana de 81 anos Cecilia Giménez assumiu a tarefa de retocar a pintura. Ela descobriu que a restauração é uma arte em si. Seus esforços foram desastrosos e desfiguraram o retrato de tal maneira que houve quem dissesse que o rosto de Cristo agora parecia o de um primata, o que rendeu à pintura o apelido de *Ecce Mono* (Eis o Macaco). Os críticos consideraram o trabalho "a pior restauração de todos os tempos". Mas ela foi realmente um desastre? Sim e não.

A prefeitura da cidade planejava contratar um restaurador profissional para desfazer o estrago, mas um abaixo-assinado com mais de 18 mil assinaturas circulou na internet pedindo que mantivessem o afresco como estava. No verão seguinte, milhares de turistas foram à cidade para vê-lo com os próprios olhos. A igreja posteriormente decidiu cobrar uma taxa aos turistas, arrecadando assim milhares de euros. A companhia aérea Ryanair chegou a oferecer aos espanhóis passagens mais baratas com destino a Borja. Uma restauração profissional jamais teria gerado tanto lucro para uma cidadezinha de 5 mil habitantes.

# Estratégia da troca de papéis

*O único jeito de atraí-los é deixá-los ir.*[1]

Imagine o seguinte: um homem está prestes a ir dormir quando surpreende alguém invadindo seu quintal. Liga na mesma hora para a polícia, mas lhe dizem que não há nenhum agente disponível.

– Assim que tivermos alguém disponível mandaremos para aí.

O homem desliga e torna a ligar um minuto depois.

– Oi de novo – diz ele. – Acabei de ligar porque uns ladrões invadiram meu quintal. Só que agora não tenho mais pressa porque atirei neles.

Em questão de minutos, meia dúzia de viaturas policiais chega ao local, além de um helicóptero e uma unidade armada. Os ladrões são pegos com a boca na botija.

– Mas o senhor não disse que tinha atirado neles? – pergunta um dos oficiais.

– Mas vocês não disseram que não havia ninguém disponível?

Essa história é um ótimo exemplo da *estratégia da troca de papéis*. A ideia é romper o padrão assumindo o papel da outra pessoa. Ao fazermos isso, forçamos o outro a assumir nosso papel e ver as coisas com outros olhos. Certa vez dei uma palestra numa escola no sul dos Países Baixos. Uma professora me disse que, poucas semanas antes, um de seus alunos tinha ido procurá-la, indignado. Por que ele, que era um rapaz, só conseguia tirar nota 6 enquanto todas as meninas tiravam no mínimo 7? A professora estava prestes a discutir com o garoto, mas em vez disso decidiu derrotá-lo entrando no jogo dele. Com um tom igualmente indignado, ela respondeu:

– Pois é, eu também fiquei surpresa! Homens de verdade tiram no mínimo 8.

O garoto ficou sem palavras.

A troca de papéis exige certa habilidade de interpretação. Não dá para fazer de qualquer jeito; é preciso ser convincente. A outra pessoa precisa realmente acreditar em você. No caso do homem cujo quintal estava sendo invadido, ele adotou um tom de voz extremamente casual. Afinal, para todos os efeitos, ele havia neutralizado o perigo. Então foi a hora de o policial entrar em pânico, numa troca de papéis!

Felizmente, atuar é uma habilidade que muita gente possui. Um amigo meu estava numa loja de brinquedos quando viu um menininho choramingando, desconsolado, porque queria um instrumento musical, mais especificamente uma bateria eletrônica. Os pais não queriam comprá-la e com toda a paciência explicaram que ele tinha acabado de fazer aniversário e de ganhar uma porção de brinquedos, que aquela bateria custava caro, e assim por diante. Ele continuou fazendo birra. Quando os pais disseram que o assunto estava encerrado, o menino chorou ainda mais alto. A essa altura, meu amigo já estava em vias de se intrometer e dizer "Ei! Você não ouviu o que seus pais disseram? Não é não!". Em vez disso, decidiu demonstrar solidariedade.

– Eu ouvi tudo... – disse ele à criança. – Caramba, como seus pais são ridículos! Que loucura não comprarem aquela bateria para você! É muita maldade. – Então se virou para os pais: – Vocês dois deveriam sentir vergonha! Inacreditável.

Todos se calaram. O menino se retraiu, chegou um pouco mais perto da mãe e do pai e respondeu, com uma voz quase inaudível:

– A mamãe e o papai são muito legais.

A troca de papéis não precisa envolver um comportamento impertinente como esse. Também se presta a intervenções bem amorosas. Veja o caso de um pai que estava ajudando a filha autista a escovar os dentes. Durante uma sessão de coaching, ele me explicou o problema. O procedimento normal era ele deixar a filha escovar os dentes sozinha, conferir se ela havia escovado direito e ajudá-la a terminar o trabalho. Não era um processo agradável; afinal, quem gosta de ter a boca inspecionada? Essa rotina logo se transformou numa batalha diária. Durante a sessão, tivemos a ideia de inverter os papéis. E se o pai se encarregasse da primeira escovação e a filha depois verificasse quão bem ele tinha feito o trabalho? Nesse caso, era a filha quem assumiria o papel de fiscal. Foi isso que os dois fizeram desde então e deu bastante certo. A filha finalmente se sentiu vista como um indivíduo responsável, não uma criança a ser supervisionada. O resultado foi exatamente o mesmo, mas o processo se deu com muito mais facilidade.

A troca de papéis é simples na teoria, mas pode ser complicada na prática. O motivo de ela ser tão difícil é que estamos sempre inclinados a fazer o contrário: a bater de frente com os outros. Chamo esse padrão de *contrastante*, porque adotamos um comportamento oposto ao do nosso interlocutor.

Eis um exemplo: se alguém entra na cozinha de casa bem cedinho, desanimado, com a cara ainda amassada de sono, tendemos a reagir com animação excessiva. Dizemos "Bom dia!" com uma empolgação exagerada, ou acrescentamos uma pitada de sarcasmo e dizemos "Boa tarde!", ou "Ah, chegou a Bela Adormecida!". Qual o efeito dessas gozações? Em geral só deixam o outro mal-humorado. O contraste é outra forma de pensamento emperrado: mais uma vez, nossa tentativa de resolver um (suposto) problema sai pela culatra.

Quando os outros estão desanimados, nossa inclinação é alegrá-los. Quando estão tristes, queremos deixá-los de bom humor. Quando estão zangados, tentamos acalmá-los. Quando as crianças estão sentadas, quietinhas, no sofá vendo tevê, gritamos "Saiam daí e vão fazer alguma coisa!" e, quando estão correndo para lá e para cá, berramos "Parem com a bagunça!".

O mais triste de tudo é que o contraste é sempre movido pela melhor das intenções. Isso explica a persistência do fenômeno. Dizemos a nós mesmos estar agindo para ajudar o outro, mas a verdade é que fazemos isso principalmente para nos livrarmos do nosso desconforto.

Costumamos cair nessa armadilha em várias situações desempenhando papéis contrastantes, como ajudante *versus* ajudado, ou vítima *versus* agressor, o que em geral só piora tudo. Uma idosa pode se sentir negligenciada pelo filho e assumir o papel de vítima, na esperança de incentivá-lo a fazer o papel de salvador e ir visitá-la com mais frequência. Só que com isso ela pode afastá-lo ainda mais.

A boa notícia é que, assim que reconhecemos esse padrão contraproducente, podemos usar a troca de papéis para sair dele. Uma mulher me escreveu contando sua experiência com seu filho de 13 anos. Ele tinha dito que precisava de ajuda para estudar para um teste de matemática. A mãe se prestou de bom grado ao papel de professora particular, mas o problema foi que quanto mais ela o ajudava, mais nervoso ele ficava com o teste. Era como se toda a explicação que a mãe estava dando obrigasse o filho a confrontar a própria ignorância. Ainda por cima, a mãe nem era tão boa assim em matemática. Ela então decidiu que o contraste não era necessário; ela não precisava ser a autoridade. "Pensei: e se eu pedisse ao meu filho para trocar de papel? Poderia pedir que ele me explicasse as fórmulas que tinha aprendido. Afinal, ele sabe mais do que eu... Então foi isso que fizemos. Um pouco mais tarde, ele estava sentado ao meu lado no sofá, super-relaxado." O menino tinha entendido a matéria e foi capaz de explicá-la muito bem.[2]

Eis outro caso em que o contraste só piora um problema. O que acontece quando um homem ligeiramente bagunceiro vai morar com uma mulher bastante organizada? O mais provável é que acabem num contraste ainda maior. A mulher vai intensificar a arrumação e o homem vai relaxar, deixando que ela arrume. Quando se der conta, a mulher já estará fazendo todo o trabalho doméstico e se queixando às amigas: "Ele não faz nada!"

O contraste nos mostra que a pessoa que causou ou que tem um problema talvez esteja se esquivando da responsabilidade de consertar a situação. Então muitas vezes assumimos esse papel, mas ironicamente isso não as ajuda. Agir como ajudante, por exemplo, pode agravar a dependência de quem está sendo ajudado, porque a pessoa passa a não confiar mais na própria capacidade de resolver o problema sozinha. A troca de papéis pode romper esse padrão negativo. Ela nos permite – de modo muito refinado – recolocar a responsabilidade de volta no seu devido lugar. Quando nos recusamos a desempenhar um papel de oposição, forçamos o outro a assumir a responsabilidade pelo problema.

Digamos que você seja médico e dê palestras para pacientes sobre o uso responsável dos medicamentos. E digamos que as pessoas na plateia sejam extremamente críticas: já tiveram muitas experiências ruins e desconfiam dos profissionais de saúde. Como você abordaria a questão? Minha primeira inclinação seria fazer o papel da autoridade responsável que se opõe ao cinismo das pessoas. Como vimos, porém, discutir com os outros muitas vezes só os deixa mais convencidos ainda das próprias opiniões.

Um médico que nos segue nas redes sociais passou por algo parecido e mudou radicalmente a própria abordagem. Em vez de dar um sermão, começou perguntando à plateia:

– Que tipo de experiência vocês tiveram com médicos, farmacêuticos e medicamentos?

As pessoas listaram uma série de coisas que tinham dado errado, mas ele não ficou na defensiva. Dizia apenas "É, isso é horrível", ou "Infelizmente isso acontece muito". Depois de algum tempo, falou:

– Pelo que estou vendo, vocês já passaram por muita coisa ruim. Hoje eu queria explicar como os remédios funcionam e como aproveitá-los da melhor maneira possível. O que vocês poderiam fazer para garantir que tudo corra bem?

Ele estava pondo as pessoas na posição de autoridade e só depois disso iniciou sua palestra. O resultado? Todo mundo escutou e o clima foi extremamente positivo e construtivo, até mesmo quando ele abordou temas espinhosos, como a falta de cobertura dos planos de saúde.[3]

O principal objetivo da troca de papéis é romper um padrão contraproducente de contrastes. A técnica mais eficaz para isso é o *espelhamento*, que nem sempre tem a ver com destacar um comportamento negativo, mas envolve se colocar genuinamente no lugar do outro. O sucesso do médico em sua palestra se deveu ao fato de ele espelhar com empatia as críticas do público. Quando espelhamos de modo sincero as preocupações de alguém, demonstramos aceitação. Poderíamos até considerar o espelhamento uma forma de empatia, um "amor em ação".

Uma das belezas do espelhamento é que ele pode nos libertar de nossos papéis contraproducentes. Uma mulher certa vez veio falar comigo depois de um seminário e me disse que seu pai vivia reclamando de tudo: da própria saúde, dos enfermeiros que o atendiam, dos remédios que precisava tomar. Ela fazia o papel de ouvinte e se deu conta de que talvez devesse, em vez disso, espelhar o comportamento do pai. Perguntou se eu achava que ela deveria começar a reclamar também.

– Não, reclamar, não – respondi. – Você precisa se lamuriar completamente! Desabafe. Ponha tudo para fora.

Ela me olhou com certa apreensão, mas disse que tentaria. Uma semana mais tarde, ela me ligou para contar que no outro dia, antes de o pai conseguir emendar duas frases, ela foi logo se queixando:

– Ai, pai, imagino. Aqui as coisas também estão uma loucura. Preciso levar meu caçula ao dentista, ajudar o mais velho com o dever de casa, preparar o jantar para o marido, que avisou que vai chegar mais tarde...

Quando parou para recuperar o fôlego, ouviu o pai pronunciar palavras inéditas:

– Que horror, querida! É sempre assim?

Durante mais de trinta anos ela havia feito o papel de filha atenciosa. Agora, pela primeira vez, tinha se atrevido a romper esse padrão e o pai seguiu sua deixa em menos de dois minutos!

– Isso não é tudo – continuou ela. – Talvez a coisa mais importante que eu tenha aprendido seja que eu não me permito reclamar. Sempre finjo que está tudo bem, banco a boazinha. Não quero mais fazer isso. Também quero poder reclamar de vez em quando.

O espelhamento pode reverter na mesma hora uma situação tensa. Por exemplo, certa vez pediram que eu presidisse um debate num hospital sobre sua nova missão corporativa. Numa reunião preparatória com o diretor de comunicação e o diretor de relações públicas, eles acharam difícil me explicar o objetivo do debate. Como o debate tinha sido encomendado pelo conselho executivo, concordamos que eu voltaria na semana seguinte para discutir o assunto diretamente com eles. Recebi um lindo folder sobre a nova missão do hospital e um relatório bem grosso sobre o trabalho feito para elaborá-la, e fui para casa.

Uma semana depois, entrei na sala do conselho e deparei com quatro homens sentados do outro lado da grande mesa oval e uma cadeira vazia na frente, onde eu obviamente deveria me sentar. Ninguém se levantou para me cumprimentar nem me ofereceu um café. Sentei. Um dos homens, que não se apresentou (supus que fosse o presidente do conselho), falou, num tom gélido:

– O senhor queria falar conosco?

Só isso. Silêncio absoluto. Que esquisito. Estavam na defensiva e me pareceram bastante hostis.

Decidi espelhar esse tom dizendo de modo um tanto petulante:

– Sim. Eu não faço ideia de qual seja o objetivo do debate.

Silêncio absoluto outra vez. Ele então respondeu, ríspido:

– O senhor não recebeu a declaração de missão?

Eu poderia ter dado uma resposta amena, do tipo "Sim, recebi", mas, em vez disso, falei, num tom mais ríspido ainda:

– Eu fiz um simples questionamento. Será que o senhor poderia me dar uma simples resposta?

Fez-se outra pausa curta e meu interlocutor então começou a rir. Piscou para outro executivo à mesa, como quem diz: "Esse daí tem uma personalidade e tanto, não?" O clima se amenizou na mesma hora e tivemos uma boa conversa.

Uma das melhores coisas em relação ao espelhamento é que ele nos permite perceber as *necessidades* da outra pessoa. De que o garoto que estava estudando para o teste de matemática precisava? Sentir-se competente. De que a plateia na palestra sobre remédios precisava? Que suas reclamações fossem levadas a sério. De que o conselho executivo do hospital precisava? Eles temiam que os funcionários não recebessem bem a nova missão. Foi essa incerteza que os levou a ser ríspidos comigo. Eles estavam na defensiva porque imaginaram que eu fosse criticar a declaração. Ao espelhar o tom deles, não só deixei claro quão hostis estavam sendo como pude perceber quão apreensivos estavam.

À primeira vista, a troca de papéis parece ter a ver com tolerar o comportamento do outro, mas também tem a ver conosco. Nós e "o outro" estamos muito menos separados do que imaginamos. Estamos todos conectados por fios invisíveis. Colocar-se genuinamente na posição de outra pessoa, tentar entender seu ponto de vista, pode transformar a perspectiva de todos os envolvidos. Como disse Nelson Mandela: "Eu não poderia mudar os outros antes de mudar a mim mesmo."

# Estratégia da perturbação

*A melhor maneira de resolver um problema é*
*encontrar o humor por trás dele.*

Os carteiros estavam em polvorosa. Descobriram que não poderiam mais usar bermuda nos meses quentes de verão. Não foi preciso muito tempo para o flip thinking entrar em cena: um dos carteiros foi trabalhar de vestido. Bem, isso podia, não?

Quem determina as regras do jogo? Paul Arden, autor de vários livros sobre pensamento criativo, diz o seguinte: "Se você não consegue resolver um problema, é porque está jogando conforme as regras." O que nos traz à penúltima estratégia deste livro: a *perturbação*. Ela pode ser muito útil em situações de regras restritivas, opressivas ou contraproducentes. E não estou falando apenas de regras explícitas, como leis e regulamentos, mas também de regras tácitas que existem em quase toda situação. Essa estratégia provoca, choca, surpreende, obstrui, distorce, trava as engrenagens. Vale praticamente tudo, contanto que perturbe o jogo da outra pessoa. Isso cria um vácuo temporário que abre espaço para novas regras. Regras criadas por nós, é claro.

Um ótimo exemplo ganhou o noticiário internacional em setembro de 2004. O governo francês havia acabado de instaurar a proibição de "símbolos religiosos evidentes", que tinha como alvo o uso de véus por muçulmanas. Cennet Doganay, uma adolescente muçulmana que morava na França, queria respeitar "tanto a lei francesa quanto a lei divina". Ela já havia tentado alternativas ao véu – boinas, bandanas –, mas mesmo assim as autoridades se recusavam a deixá-la frequentar as aulas. Então o que ela fez? Raspou a cabeça e foi aceita na escola, para o grande alvoroço da mídia. Imagine ter só 15 anos e ter toda essa coragem.

Ter senso de humor é extremamente útil na estratégia da perturbação. Pessoas que levam tudo a sério costumam achar difícil colocá-la em prática. Jeffrey Wijnberg, adepto da "psicologia da provocação", gosta de desafiar as regras do jogo, em especial as regras implícitas entre psicólogo e paciente. Na opinião dele, não existe nada mais eficaz no tratamento de um paciente do que lhe dar uma leve e revigorante rasteira. Por exemplo, um homem foi se consultar com ele com um ar cansado, malcuidado e malvestido. O sujeito reclamou:

– Não sei se minha esposa ainda me ama.

– Quer dizer que você ainda tem esposa? – retrucou Wijnberg. O homem ficou estupefato. – Bem, vejo como chegou desgrenhado ao meu consultório, então me espanta haver uma mulher que ainda queira ficar com você. Diga, como consegue isso?

– Mas eu não vim aqui falar sobre por que minha esposa ainda está comigo – respondeu o paciente.

– Veja bem – retrucou Wijnberg, demonstrando autoridade. – O psicólogo aqui sou eu, então sei quais perguntas devo fazer. Portanto me diga: como você consegue?

Temos muito que aprender com a psicologia da provocação, movimento inovador e controverso, criado em 1974 pelo terapeuta americano Frank Farrelly. Gosto particularmente de dois princípios desse movimento.

O primeiro se chama *daltonismo vermelho-verde*. Quando um paciente quer falar sobre uma coisa, dando sinal verde para discutir o assunto, o psicólogo opta por não abordá-lo. E vice-versa: se o paciente prefere não falar sobre algo e acende a luz vermelha, o psicólogo explora isso. Foi o que Wijnberg fez com o paciente desgrenhado. Quando o homem acendeu a luz vermelha para não abordar a própria aparência, Wijnberg o pressionou ainda mais.

A segunda técnica se chama *gangorra* e se baseia no fato de todos nós lutarmos com desejos contraditórios. Queremos a segurança de um salário, mas não queremos nos reportar a um chefe. Queremos abrir nosso negócio, mas não gostamos da incerteza que isso traz. A maioria dos terapeutas aborda esses conflitos como um observador imparcial. O psicólogo da provocação, por sua vez, escolhe enfaticamente um dos lados.

– Você está na dúvida se deve abrir o próprio negócio? Pois deveria estar mesmo! Eu não faria isso se fosse você. Duvido que consiga lidar com a incerteza. Você é uma pessoa que precisa de segurança.*

Quase inevitavelmente, o paciente reage:

– Mas, sabe, faz tanto tempo que venho pensando em abrir um negócio. Eu deveria seguir em frente de uma vez por todas.

Como o psicólogo reage? Ele passa de bom grado para o outro lado da gangorra:

– É verdade. É hora de assumir as rédeas. Investir suas economias. Mesmo tendo uma família para sustentar, mesmo que sua esposa não possa trabalhar por causa da esclerose múltipla, com certeza os seus desejos devem ser priorizados. E daí se você for à falência? Só se vive uma vez! Melhor morrer de pé do que viver de joelhos.

Se o psicólogo seguir por esse caminho, há uma boa chance de o paciente enxergar o próprio conflito com mais clareza.[1]

A estratégia da perturbação tem um potencial enorme de transformar situações difíceis e pensamentos emperrados. Afinal de contas, tudo que fazemos (pensar, planejar, ter, decidir, experimentar) é regido por regras. É importante entender que essas regras não são "a verdade" nem significam que "as coisas devem ser assim e pronto". Elas são orientações para a vida, da mesma forma que um mapa é uma orientação para percorrer uma paisagem, mas não é a paisagem em si. Às vezes, porém, as regras do jogo parecem tão lógicas e naturais que pensamos não haver outra maneira de as coisas funcionarem. Isso é ruim? Sim e não.

Examinemos primeiro o "não". Agir de acordo com regras estabelecidas é uma questão de *eficiência*. Quer um pouco de luz? Acione o interruptor! Vai cumprimentar alguém? Estenda a mão. Vai comer? Pegue os talheres. Nossa vida é em grande parte regida por essas regras do tipo se/então. Imagine só como seria a vida sem elas. "Luz? Peraí, como é que isso funciona mesmo? Acionar o interruptor? Por quê? O que acontece? Ah, isso envia

---

* Interessante observar que, com essa intervenção, o psicólogo aplica também a estratégia do respeito: ele respeita um dos dois lados do dilema, mas não expressa essa posição de forma neutra; ele a intensifica. O terapeuta na verdade concorda mais com o paciente do que o próprio paciente jamais poderia concordar.

corrente elétrica para a lâmpada. Mas, ué, por que a lâmpada gera luz?" Pais e mães talvez estejam familiarizados com esse tipo de pergunta de crianças que ainda não aprenderam regras cotidianas. Imagine como poderia ser constrangedor cumprimentar alguém. "Ops, o que eu faço primeiro? Pego o casaco da pessoa? Digo o nome dela? Faço cafuné?" Grande parte do nosso comportamento é automatizada; basta pensar em como dirigimos. Como eu disse, isso é extremamente eficiente.

Um segundo motivo pelo qual as regras são úteis é que elas na verdade podem *salvar vidas*. Leão? Saia correndo! Carro vindo? Não atravesse a rua! Alimento com mau cheiro? Não coma! Algumas dessas regras são inatas, enquanto outras precisam ser aprendidas. Embora as crianças resistam no início – *por que* tenho que ir dormir? –, certas regras são vitais numa sociedade complexa como a nossa.

Agora vejamos a parte do "sim", o motivo pelo qual as regras podem ser problemáticas. É simples: algumas regras levam a comportamentos estúpidos. Não são adaptadas à nossa realidade. Considere o caso da vespa-escavadora. Depois de pôr os ovos, a fêmea sai em busca de comida (mais especificamente, de lagartas). Assim que encontra uma lagarta, a vespa a paralisa e a arrasta até a entrada de um pequeno túnel subterrâneo, que leva até seu ninho. Primeiro a vespa entra sozinha no túnel para garantir que esteja tudo em ordem, depois volta para pegar a lagarta. Até aí, tudo bem. Acontece que se um pesquisador mover a lagarta ligeiramente para longe da entrada do túnel enquanto a vespa estiver lá dentro, a vespa repetirá todo o ritual, tornando a posicionar a lagarta na entrada do túnel e mais uma vez entrando sozinha para inspecionar o ninho. Se quiséssemos, poderíamos encurralar uma vespa nesse looping idiota apenas mudando a lagarta de lugar vez após outra.[2]

Por que obedecemos às regras de modo tão servil? Porque elas nos proporcionam uma sensação de segurança, o sentimento de estar no controle e de ter aprovação. Talvez seja por isso que tendemos a estabelecer e seguir regras ocultas no caso de ausência de regras explícitas. Só que às vezes precisamos aprendê-las do jeito mais difícil. Digamos que, no trabalho, uma caixa de doces seja deixada na área do cafezinho toda vez que alguém da equipe está fazendo aniversário. Na caixa há sempre uma paçoca, e todo mundo sabe que está reservada para Chris, o chefe do departamento. Sempre que alguém novo entra na equipe, todo mundo fica na expectativa do que vai acontecer quando a próxima caixa de doces for aberta. Se o recém-chegado desavisadamente pegar a paçoca, alguém vai dizer: "Essa é do Chris!" A pessoa vai largar a paçoca, meio constrangida, e na vez seguinte vai ficar esperando o tropeço do próximo novato. Chamamos essa satisfação com o infortúnio alheio de *Schadenfreude*.

Perturbar não é só uma questão de embaralhar as regras mas também de eliminá-las por completo. E é difícil fazer isso. Como vimos anteriormente, os seres humanos em geral valorizam mais a ação do que a inação – médicos preferem operar a não operar –, e da mesma forma achamos melhor impor ordem à nossa vida do que correr o risco de ela sair dos trilhos. No entanto, às vezes nossas regras criam mais problemas que soluções. Para dar um exemplo: nossa empresa contrata instrutores e atores que às vezes precisam sair de casa muito cedo para chegar ao trabalho. Decidimos cobrir os custos de um pernoite caso alguém tivesse que se deslocar antes das sete da manhã. Isso deveria se aplicar aos casos em que o contratado precisasse se deslocar mais do que de costume. Só que algumas pessoas tinham que sair muito cedo não por causa da distância, mas dos engarrafamentos constantes. O pernoite deveria ser coberto nessa situação também? Mudamos a regra para "antes das sete, com exceções". Parecia resolvido. Mas então dois atores trocaram entre si o horário de uma sessão. O ator que originalmente deveria conduzi-la morava bem perto do local, enquanto o outro morava muito mais longe e teria que sair de casa antes das sete. Como eles tinham feito a troca por iniciativa própria, sem nos consultar, a empresa deveria reembolsar o custo do pernoite nesse caso? Ou o segundo ator deveria simplesmente sair mais cedo de casa? Debatemos a questão e nos demos conta de que acabaríamos abrindo todo tipo de exceção. Quando menos esperássemos, estaríamos redigindo um complexo *Guia de reembolso para instrutores e atores*, com um apêndice novo a cada ano. Isso é burocracia, não eficiência. E é exatamente o que se vê em muitas grandes empresas: na tentativa de organizar tudo como se deve, elas introduzem muitas ineficiências. É um exemplo perfeito de pensamento emperrado.

Nesse caso específico na minha empresa, tentamos encontrar um caminho para o flip thinking. A solução foi muito simples: bastava *não* sistematizar. Decidiríamos o que fazer caso a caso. Pode soar como bagunça, mas funcionou às mil maravilhas e combina com nossa cultura. Queremos continuar sendo uma empresa divertida, flexível e criativa.

E não são só as grandes empresas que adoram organizar até o último detalhe. Governos também são mestres nessa arte. Apesar de repetidas tentativas de desburocratização, o governo neerlandês segue produzindo todo tipo de regras e regulamentos. Em junho de 2008, isso provocou grandes protestos entre os servidores públicos responsáveis por intermediar o fornecimento de mercadorias e serviços. Eles tinham se confrontado com uma nova lei de 650 páginas que estabelecia, de modo excruciantemente detalhado, os procedimentos a serem seguidos. A intenção obviamente era boa: impedir fraudes e superfaturamento. Mas a consequência foi a indignação.

Num esforço de desregulamentação, o governo neerlandês criou uma campanha cujo codinome era Crocodilo Roxo, em homenagem a um anúncio conhecido no qual o funcionário de uma piscina se recusa a devolver um crocodilo roxo de brinquedo a menos que a mãe da criança preencha um formulário. Qual foi a primeira tarefa da campanha? Acredite ou não, foi estabelecer as regras que a desregulamentação deveria seguir! Às vezes nem eu acredito, mas infelizmente é verdade.

Robert Fritz, especialista em criatividade, enfatiza que não devemos sair em busca de regras irrefletidamente:

> Algumas pessoas esperam encontrar o sistema certo, o método certo, a abordagem certa e o regime certo. Acham que basta aplicar essas regras para que as coisas funcionem. Quanto mais regras seguem, mais adequadas se sentem. Citam "autoridades" como escritores, peritos e especialistas para justificar sua abordagem. Ficam inseguras diante de gente capaz de improvisar, inovar e desrespeitar todas as "regras" no caminho para o sucesso.[3]

A pergunta crucial, portanto, é: como podemos nos libertar de regras equivocadas? O psicólogo Edward de Bono sugeriu o método PO, sigla em inglês para "operação provocativa" (uma ideia ousada e talvez aparentemente absurda que incentive a solução criativa de problemas). Para ilustrar, no início dos anos 1970, a polícia de Nova York consultou De Bono sobre a taxa de criminalidade cada vez maior na cidade. Políticas conhecidas, como punições mais duras e mais agentes nas ruas, não pareciam estar funcionando. De Bono então apresentou a PO: a polícia tem seis olhos. A reação inicial foi de espanto. Depois de pensar um pouco, porém, surgiu a ideia de usar civis como olhos extras para a polícia, e assim nasceu a ronda de bairro. Desde então, a prática foi implementada mundo afora.[4]

Uma segunda tática é responder a qualquer declaração de regra com "Ah, é?". Por exemplo: "Carros têm quatro rodas." "Ah, é?" Quem disse? Então os carros não podem ter três rodas? Ou cinco? Ou nenhuma? O questionamento abre as portas para a inversão do pensamento.

Veja esta regra: um medicamento deve ter um princípio ativo comprovado. Ah, é? Uma farmácia de Watford City, na Dakota do Norte, ganhou o noticiário ao oferecer um spray infantil para curar medo de monstros. O Monster Spray vem num frasco com instruções ao paciente: "Vaporizar o quarto à noite antes de dormir. Repetir em caso de necessidade." Ao que parece, funciona às mil maravilhas. É de uma lógica extrema. Afinal, se combatemos uma doença de verdade com um remédio de verdade, por que não combater uma doença que existe apenas na mente com um remédio imaginário?

Veja outra regra: pichações em prédios, ônibus e trens são horríveis e todas deveriam ser removidas. Ah, é? E o *grafite reverso*? Trata-se de uma técnica que posiciona um molde vazado sobre uma superfície suja antes de alvejá-la com um jato d'água de alta pressão, criando assim um desenho por contraste. Nada está sendo pulverizado na parede, apenas a sujeira está sendo removida, e por esse motivo o grafite reverso também é conhecido como pichação limpa. E o melhor de tudo é que é muito sustentável. Empresas como Microsoft, BBC, Smirnoff, KIA e Puma fizeram campanhas publicitárias usando essa técnica, que também foi utilizada na campanha presidencial de Barack Obama.

A estratégia da perturbação pode ajudar inclusive em situações extremamente difíceis. O enfermeiro de um pronto-atendimento psiquiátrico me mandou um e-mail explicando como a usara para inventar uma nova maneira de acalmar pacientes agitados. Alguns podiam ser tão agressivos que chegavam a demandar seis funcionários para contê-los e levá-los para um quarto isolado. O enfermeiro achava isso desumano e convenceu os colegas a tentar algo diferente. Depois de um paciente ser contido, ele entraria, encararia a pessoa e perguntaria, num tom supersimpático: "Que tal um cachorro-quente?" Muitas vezes os pacientes estavam sem comer há algum tempo. A maioria reagia se acalmando na mesma hora. A organização teve muito sucesso com esse método, que a ajudou a diminuir o número de pacientes confinados em isolamento.[5]

No fim dos anos 1970 e início dos 1980, nos Estados Unidos, o pastor negro Wade Watts, presidente da Associação Nacional para o Progresso das Pessoas de Cor no estado de Oklahoma, era constantemente hostilizado pelo ex-lutador e líder local da Ku Klux Klan, Johnny Lee Clary. Num desses confrontos, Clary e cerca de trinta outros homens usando as túnicas brancas e chapéus cônicos da KKK encurralaram Watts num restaurante quando ele estava comendo um prato de frango frito.

– O que você está fazendo com esse frango nós vamos fazer com você! – disse Clary num tom ameaçador.

Um curto silêncio se seguiu. O que Watts poderia fazer? Ou, melhor, o que ele poderia fazer para perturbar a situação a seu favor? Não sei o que você faria (eu ficaria apavorado, com certeza), mas sei o que Watts fez. Ele beijou o frango! Várias pessoas no recinto começaram a rir, inclusive alguns dos integrantes da Klan. Furioso, Clary mandou seus homens saírem.

Felizmente, até o mundo dos negócios, em geral muito rígido, está se tornando cada vez mais consciente das possibilidades apresentadas pela estratégia da perturbação. Nos Países Baixos, a rede de lojas de departamentos HEMA a usou para abordar o problema dos furtos em suas lojas. Como não tinha atraído a atenção da mídia, a varejista teve a ideia de baixar temporariamente em 25% o preço dos cinco artigos mais furtados. Vitrines especiais foram montadas com os cinco produtos: os suplementos alimentares eram os mais visados, seguidos por pilhas recarregáveis, brilho labial, CDs regraváveis e faróis para bicicletas. Uma placa informava TOP 5 MAIS ROUBADOS. A segurança das vitrines foi reforçada por câmeras de vigilância. A iniciativa gerou publicidade em nível nacional para o problema dos furtos em lojas, justo o que a HEMA queria.[6]

Os governos também estão acordando para o bom senso da perturbação e eliminando regras contraproducentes. Na cidade neerlandesa de Drachten, uma rotatória importante era o cenário de acidentes frequentes. Alguns deles muito graves. As inúmeras tentativas de tornar a rotatória mais segura – mais placas de trânsito, mais sinais luminosos – não funcionaram, ou, pior, tornaram o trecho ainda mais caótico e confuso. Um exemplo típico de pensamento emperrado. Hans Monderman, também conhecido como "o Paganini do tráfego" em homenagem ao grande virtuose do violino, foi chamado para resolver o problema. Ele propôs uma ideia radical: fazer não mais, mas menos, e retirar todos os sinais e placas. O resultado? Dali em diante as pessoas usaram a rotatória com cautela, tanto motoristas quanto ciclistas e pedestres. Em vez de olhar para placas e luzes, eles começaram a olhar uns para os outros. O número de acidentes caiu drasticamente e o tráfego começou a fluir quase duas vezes mais depressa – pelo simples fato de não se tentar controlá-lo.[7] A filosofia de Monderman foi adotada em muitas cidades da Europa. A cidade alemã de Bohmte, por exemplo, recebeu 1,2 milhão de euros da União Europeia para conduzir o experimento de retirar todos os sinais de trânsito e placas da cidade, o que se revelou um imenso sucesso. A abordagem de Monderman foi tão bem-sucedida que Drachten se tornou um local de peregrinação para engenheiros de tráfego do mundo inteiro.

Uma última história.

Mesmo quando as regras parecem fazer sentido, e digo *realmente* fazer sentido, ainda pode ser mais inteligente desrespeitá-las. A polícia certa vez me parou no meio da noite. Tive que mostrar minha carteira de motorista, e eles ligaram para a central para passar minhas informações e verificar se meu carro era roubado. Perguntaram se eu tinha fumado maconha e olharam o porta-malas. Tive até que fazer o teste do bafômetro. A interpelação levou uma meia hora. Quando eles disseram que eu estava liberado, perguntei por que tinham me parado: estavam procurando alguém, eu tinha feito algo suspeito, estava dirigindo depressa demais? A resposta foi uma surpresa total. Eu tinha respeitado com cuidado excessivo o limite de velocidade.

– As únicas pessoas que respeitam o limite de velocidade nesta via a esta hora da noite estão ou bêbadas, ou doidonas, ou são criminosas – disse um dos policiais.

– Então eu teria feito melhor se ultrapassasse o limite? – retruquei, incrédulo.

– Sim – responderam todos em uníssono, sem pestanejar.

# Estratégia da inversão

*É preciso pensar como um sortudo. Se cair num buraco
cheio de lama, verifique seu bolso de trás: talvez
você tenha capturado um peixe.*

– DARRELL ROYAL, jogador e técnico de futebol americano

No romance *As aventuras de Tom Sawyer*, de Mark Twain, quando Tom
mais uma vez se mete em encrencas, sua tia Polly o obriga a caiar uma cerca, como castigo. Era um serviço pesado. "Ele olhou a cerca de fora a fora",
escreve Twain, "e toda satisfação o abandonou e seu espírito foi tomado
por uma profunda melancolia. Trinta metros de cerca de madeira com três
metros de altura." Mas Tom consegue convencer os amigos de que aquela
obrigação na verdade era um sublime passatempo artístico. Eles o cobrem
de presentes, torcendo para serem autorizados a pintar parte da cerca:

> Doze bolinhas de gude, parte de um berimbau de boca, um caco de
> vidro azul para servir de lente, um lançador de elástico, uma chave
> que não abria nada, um toco de giz, a tampa de vidro de um decan-
> tador, um soldadinho de chumbo, dois girinos, seis estalinhos, um
> filhote de gato caolho, uma maçaneta de latão, uma coleira de ca-
> chorro – mas nenhum cachorro –, o cabo de uma faca, quatro cascas
> de laranja e uma esquadria de janela caindo aos pedaços.[1]

Tom acaba passando o dia inteiro sem fazer nada.

Tom Sawyer consegue astutamente tornar desejável uma tarefa entediante. Para isso, ele usa a última estratégia do flip thinking, a *inversão*. Um problema é direta e imediatamente transformado em oportunidade. A escassez se torna bonança. O defeito se torna talento. A estratégia da inversão talvez seja a mais maravilhosa de todas. É quando algo que incomoda ou irrita você em determinado instante se torna uma bênção no instante seguinte. Toda a energia para tentar resolver o problema pode agora ser canalizada a seu favor. Isso significa que muitos desastres são bênçãos em potencial. Richard Wiseman, que além de psicólogo e autor é também um mágico dos bons, descreve como certo dia perdeu seu material de ilusionismo. Pânico! Ele tinha uma apresentação importante no dia seguinte. Foi forçado a usar objetos do dia a dia para inventar um novo espetáculo. O resultado? Acabou inventando um de seus melhores truques.

A estratégia da inversão assume muitas formas. Chamarei a primeira de *ajuste*. Com ela, você não chega a mudar a situação; muda apenas a visão que tem dela, como se pusesse uma moldura mais bonita num quadro para torná-lo mais valioso. "Pense em quantas pessoas sofrem por ter um padrão de sono regular", poderia dizer um psiquiatra ao tratar um paciente que tem insônia. "Essas pessoas passam oito a nove horas por noite sem fazer nada!"

Uma das técnicas do ajuste é mudar a linguagem. As palavras que usamos refletem nossa mente. Como vimos no capítulo sobre a estratégia do repensamento, Richard Wiseman descobriu que pessimistas e otimistas literalmente veem o mundo ao redor de modo diferente, e os pessimistas têm menos chance de enxergar uma nota de dinheiro no chão. Wiseman também descobriu que otimistas e pessimistas não veem a mesma situação da mesma maneira. Ele disse a otimistas e pessimistas: "Imagine que você vá ao banco e de repente descubra estar no meio de um assalto à mão armada. Tiros são disparados e você é atingido no braço. Como avaliaria a situação?" O resultado: quase todos os pessimistas descreviam a cena de maneira negativa, como "um desastre" ou algo que se devia ao "azar", dizendo coisas como "É a minha cara passar por isso", enquanto os otimistas consideravam "uma bênção" o fato de terem sido atingidos apenas no braço, e diziam coisas do tipo "Que sorte a minha! Eu poderia ter morrido!".[2]

Não apenas nossa forma de pensar influencia nossa escolha de palavras como as palavras que usamos influenciam nossos pensamentos. Como garantir que uma informação seja transmitida depressa? Você pode enfatizar que ela é importante, mas as pessoas talvez não se impressionem com isso, principalmente se julgarem que você será o único beneficiado. E se você disser que a informação é um "segredo"? Isso aumenta a importância do assunto na mesma hora e as pessoas se sentem mais inclinadas a passar a fofoca adiante.[3]

Os marqueteiros da política conhecem muito bem o poder que as palavras têm de modificar nossa percepção. "Dedução de juros hipotecários" é uma expressão um tanto técnica que permite aos proprietários de imóveis deduzir os juros das hipotecas do seu imposto de renda. Que linguagem o Partido Socialista Neerlandês usou para desacreditar essa política? "Subsídio a mansões". Nos Estados Unidos, o movimento contra o aborto não se autodenomina antiaborto, mas "pró-vida". Opositores republicanos do imposto sobre heranças – descrito de forma neutra como "imposto sobre o patrimônio" – o rotulam de "tributo da morte".

Como as palavras têm poder, é uma boa ideia escolher as suas com cuidado. Por exemplo, digamos que um gestor "exija" que um funcionário se encarregue de uma tarefa específica. Essa ação poderia ser descrita de várias outras formas, talvez como um "pedido" ou "demanda". A terapeuta de família Virginia Satir sugere, com bom senso:

> Escute o que você diz e veja se está mesmo dizendo o que quer. Nove em cada dez pessoas não conseguem se lembrar do que disseram sessenta segundos atrás. [...] Existem dez palavras que devem ser usadas com atenção, cautela e carinho: eu, você, eles, mas, sim, não, sempre, nunca, dever, precisar.[4]

Mas o ajuste nem sempre precisa envolver uma mudança de formulação. Minha companheira e eu oferecemos lar temporário a uma criança de 2 anos. De tempos em tempos, o menino tinha pesadelos e corria, em pânico, para o nosso quarto. Acabou desenvolvendo um medo cada vez maior de dormir. Às vezes passava horas lutando para se manter acordado. Em certo momento, eu lhe disse:

– Você teve experiências ruins no passado. Agora que está um pouco mais velho e sua situação melhorou, você está tendo pesadelos. Para algumas pessoas, isso só começa quando elas estão com 20 ou 30 anos. Então você saiu na frente. Na verdade isso é um sinal muito bom. E, embora os pesadelos sejam mesmo assustadores, eles nunca vão poder ser tão assustadores quanto eram as coisas na vida real. E você sobreviveu a essas coisas. Então que venham os pesadelos! Vamos acabar com eles!

A conversa funcionou. Ele teve apenas mais um pesadelo depois disso e só ficamos sabendo quando ele nos contou no café da manhã – sem ter precisado correr para o nosso quarto.

A essência do ajuste é mudar a maneira como uma situação é vista, e isso pode incluir a interpretação de determinada palavra. Alguns termos que antes eram xingamentos perdem sua conotação negativa. A palavra "impressionismo" era originalmente usada para menosprezar um estilo hoje muito apreciado de pintura. O astrônomo Fred Hoyle usou a expressão "Big Bang" em 1950 para se referir sarcasticamente a uma teoria sobre a origem do universo postulada por Georges Lemaître, que Hoyle considerava absurda. Hoyle era um defensor da teoria do Estado Estacionário, segundo a qual o universo sempre existiu. Hoje essa teoria já foi inteiramente refutada, Big Bang se tornou uma expressão corriqueira, e a teoria foi abraçada pela comunidade científica e é um dos conceitos da cosmologia mais conhecidos pelo público leigo.

Uma última forma de ajuste a ser mencionada é o uso de imagens visuais. A agência de publicidade JWT colaborou com o centro de oncologia A.C.Camargo, no Brasil, para aliviar brilhantemente os temores das crianças em relação à quimioterapia. Em parceria com a Warner Brothers, proprietária da DC Comics, as bolsas de substâncias químicas de aparência assustadora usadas na terapia foram reprojetadas com capinhas plásticas com estampa de super-heróis, como Batman, Superman, Mulher-Maravilha e Lanterna Verde. O medicamento se transformou numa "superfórmula" mágica, como a de muitos super-heróis. Toda a ala pediátrica também foi decorada com essa temática.

Uma segunda variante da inversão seria a famosa *bênção disfarçada*, que as crianças parecem ter mais facilidade de encontrar. Enquanto os adultos reclamam da chuva, as crianças brincam nas poças.

Alguns anos atrás, eu estava envolvido na inauguração de um condomínio na cidade neerlandesa de Tiel. A gestão do empreendimento queria fazer uma conferência como parte dos eventos de inauguração. O problema era que o local mais próximo que comportaria uma conferência ficava a mais de três quilômetros do condomínio. O que poderia ser feito? Alugar um ônibus para levar as pessoas de um lado a outro? Disponibilizar bicicletas? Organizar caronas? Alguém transformou a desvantagem numa vantagem: por que não proporcionar aos participantes da conferência um tour guiado pela cidade? Depois do evento, o único comentário negativo foi que o tour tinha sido curto demais!

Embora possamos aplicar essa estratégia de modo consciente em muitas situações, às vezes só depois percebemos que usamos uma dificuldade a nosso favor. Uma universitária belga, que vivia na Antuérpia, não tinha conseguido arrumar um lugar para morar em Utreque, nos Países Baixos, onde estudava. Portanto, ela era obrigada a passar horas por dia se deslocando. "Assim você perde muito tempo", "Você não vai conseguir dar conta", diziam seus colegas. Então ela supôs ter um problema real e insolúvel. Mas como se deu o flip thinking? Eis o que ela explicou: "O longo deslocamento me forçou a usar esse tempo estudando no trem. Como no trem não havia distrações, como conversas com colegas, eu fazia todos os meus trabalhos e raramente precisava estudar depois de chegar em casa. Assim, consegui dar conta dos estudos na universidade de forma mais eficiente do que jamais tinha conseguido no ensino médio."[5]

George Eastman, que fundou a empresa de câmeras fotográficas Kodak em 1888, deparou com um grande problema logo na primeira câmera. Sob muitos aspectos, ela era um ótimo aparelho. Tirava cem fotos com um rolo de filme e era de uso muito fácil, com dois botões apenas: um para ligar e desligar e outro para rebobinar o filme. Só que o projeto tinha um defeito. Eastman queria vender a câmera para o grande público e, de modo a manter o preço o mais baixo possível, optou por não incorporar um mecanismo que teria permitido aos usuários trocar o filme sozinhos. Sairia caro demais. Eastman se pôs em busca de uma solução criativa e acabou encontrando: em vez de resolver o problema, ele o usaria a seu favor. Eastman criou um slogan que transformava a falha da câmera em atrativo. E qual era o lema? "Você aperta o botão, nós fazemos o resto." Uma solução inspirada e muito bem-sucedida. Naquela época, a fotografia ainda era vista como uma espécie de magia. Todo tipo de coisa podia dar errado durante o processo. O lema de Eastman atendia ao desejo dos consumidores de serem ajudados. E assim a Kodak se tornou muito rapidamente a maior fabricante de câmeras fotográficas do mundo.[6]

Isso não serve só para grandes empresas. Não conseguir resolver um problema às vezes pode ser uma grande dádiva na vida de alguém. Ser demitido: qual o lado bom disso? Sofrer burnout: o que se pode aprender com isso? Terminar um relacionamento: que benefícios isso traz? Às vezes um desastre é apenas um desastre, é claro, mas muitas dessas dificuldades podem conduzir a novas oportunidades. Não são só os sistemas que são antifrágeis: nós também somos. Temos uma enorme capacidade de crescer impulsionados por reveses. Uma capacidade quase mágica de nos reinventarmos. Isso requer dar um empurrãozinho em nossa mente na direção contrária – invertê-la. Sempre que deparar com algum infortúnio, dê a si mesmo a tarefa mental de redefini-lo como uma bênção.

Em 1962, a agência de publicidade Doyle Dane Bernbach foi procurada para bolar uma campanha publicitária para a Avis, uma locadora de carros que não estava indo muito bem das pernas. A Hertz era claramente a líder de mercado, e a Avis, na segunda posição, tinha uma fatia de apenas 11%. Parecia uma situação do tipo Davi e Golias. A agência se deu conta de que a abordagem publicitária típica de enfatizar quão bem-sucedida e popular a empresa era seria percebida como insincera, uma clara propaganda enganosa. Então veio o flip thinking: a agência lançou uma campanha usando o fato de a Avis ser "apenas" a número dois como um ponto positivo. Foram publicados anúncios de página inteira do tipo: "A Avis é apenas a vice-líder na locação de carros. Então por que nos escolher? Porque nos esforçamos mais (por pura necessidade). Não podemos nos dar ao luxo de deixar cinzeiros cheios. Ou tanques pela metade. Ou borrachas gastas nos limpadores. Ou carros sujos." Eles chegaram a transformar em positivo o fato de terem menos clientes do que a Hertz. "Da próxima vez nos procure. Nossa fila é menor." A campanha foi um sucesso retumbante. A fatia de mercado da empresa mais que triplicou em quatro anos. A chave do sucesso foi a honestidade surpreendente. Os consumidores já esperam que anúncios sejam de certa maneira enganosos. Mas aqueles pareciam plausíveis. E o bom humor deu uma ajudinha.

A ideia de que *resistir* a um problema resulta quase por definição num pensamento emperrado é um dos temas principais deste livro. Transformar um defeito em oportunidade é a melhor abordagem. A questão é: como? Simplesmente adotar a perspectiva de que as pessoas são boas por natureza não funciona. Embora eu acredite que no fundo todo ser humano tenha *inclinação* à bondade, na prática somos bem mais complicados que isso. Nossa natureza contraditória não sustenta a crença em que "os seres humanos são sempre bons". O que é preciso para transformar uma "falha" em "talento" é adotar uma postura mais neutra, de que os humanos não são nem "bons" nem "ruins", mas têm "capacidades". Essas capacidades também não são boas nem ruins em essência; são qualidades, competências que nos ajudam a sobreviver como indivíduos e como espécie. A *maneira* de usá-las é que faz diferença. Mas as capacidades em si não são boas nem ruins; elas simplesmente *são*.

O biólogo e primatólogo Frans de Waal enfatiza essa complexidade. Ele argumenta que a natureza humana se caracteriza por uma dualidade de qualidades altruístas e agressivas, que ajudou nossa espécie a sobreviver. Imagine onde estaríamos *sem* nossa agressividade, impulso que nos levou a nos defender e a defender aqueles que amamos, a obter sucesso nos negócios e a realizar avanços tecnológicos. Somos primatas altamente desenvolvidos, e De Waal ressalta que herdamos algo tanto do afável e amoroso bonobo quanto do agressivo e dominador chimpanzé, nossos dois parentes mais próximos no reino animal.[7]

A estratégia da inversão força nosso cérebro a buscar o "bom" no "ruim". Gavin de Becker, autor do influente livro *Virtudes do medo*, talvez tenha aplicado isso à própria vida como ninguém. Quando criança, ele foi submetido a uma violência doméstica terrível. Isso o tornou uma pessoa ansiosa e desconfiada? Sim e não. Ele com certeza se tornou desconfiado e ansioso. Com o tempo, porém, transformou isso num ponto positivo, ajudando-nos a aprender como podemos canalizar nosso medo e nossa sensação de perigo para nos proteger. Ele é considerado o grande especialista em prevenção de violência e gerencia um negócio que protege políticos, celebridades e empresários milionários. Tornou-se convidado frequente do programa da Oprah Winfrey e escreveu vários livros que foram sucessos de venda. O que ele acha da tendência humana de sentir medo ou desconfiança? Ele a vê como um ponto extremamente positivo e assinala que temos uma intuição para o perigo ainda melhor que a dos cães. Argumenta que não devemos reprimir nosso medo, mas nos sintonizar com ele e usá-lo a nosso favor.[8]

Nossa sociedade valoriza muito a extroversão, a perseverança, a flexibilidade e o otimismo. Não vou negar que essas qualidades são úteis ou necessárias; elas são. Mas, por outro lado, as qualidades opostas são pelo menos igualmente úteis; o fato é que estamos mais inclinados a vê-las como deficiências. O que há de tão bom na introspecção, no fato de desistir logo, na inflexibilidade ou na negatividade? As pessoas introvertidas são (muito) mais observadoras. Se os governos envolvidos no fútil conflito de trincheiras da Primeira Guerra Mundial tivessem desistido um pouco antes, milhões de vidas teriam sido poupadas. Do ponto de vista dos princípios, Mandela e Gandhi eram extremamente inflexíveis. Eles deveriam ter sido mais flexíveis em relação a isso? Com certeza uma dose saudável de negatividade teria tornado a crise dos bancos e do crédito bem menos grave. O que há de errado em cogitar o pior cenário possível?

Podemos aplicar essa mesma lógica a inúmeras outras características vistas como negativas. Seu filho não é muito bom em defender as próprias ideias? Talvez ele seja extremamente solidário e esteja mais interessado em defender as ideias dos outros. Você demora a tomar decisões? O que há de errado em ser criterioso? Decisões impulsivas causam todo tipo de problemas. Seu filho não sabe perder? Talvez ele tenha um forte espírito vitorioso.\* É claro que a chave é examinar nossas qualidades de forma honesta, tanto as positivas quanto as negativas, em vez de criar uma narrativa perfeita sobre quem somos.

Felizmente, como sociedade, estamos ficando cada vez melhores nisso. A educação tem enfatizado mais os talentos do que as falhas. Já não se espera que crianças com dislexia se virem para ler e escrever no mesmo ritmo que a turma; elas recebem aulas especiais. Estamos no limiar de uma nova era transformadora. Sabemos que no espectro do autismo há pessoas extremamente detalhistas. Por esse motivo, algumas empresas estão recrutando profissionais com esse "transtorno" para testar softwares, por exemplo.

---

\* O que mais motiva os vencedores? O desejo de conquistar o prazer da vitória ou de evitar a dor da derrota? Muitos esportistas bem-sucedidos dizem querer ganhar nem tanto pela vitória em si, mas para evitar a dolorosa experiência de perder.

A organização de inteligência britânica GCHQ procura especificamente pessoas com dislexia para ajudar a combater ciberataques, pois elas costumam reconhecer padrões com uma eficácia acima da média. Segundo o porta-voz da GCHQ, essas pessoas são exímias decifradoras de códigos e analistas de problemas complexos. São mais rápidas na detecção de falhas e repetições. O diretor Sir Iain Lobban chegou a dizer num discurso: "Parte do meu trabalho é atrair as melhores pessoas e canalizar seus talentos, sem deixar os preconceitos e estereótipos sufocarem a inovação e a agilidade."[9] Até mesmo a noção tradicional de beleza está sendo transformada. A agência Ugly Models, de Londres, contrata pessoas com características físicas marcantes que não se encaixam nos padrões de beleza estabelecidos. E há uma forte demanda dos seus clientes. No fim das contas, nem todo produto precisa ser anunciado por pessoas lindas.

Segundo a quinta e mais recente edição do *Manual diagnóstico e estatístico de transtornos mentais* (DSM-5, a bíblia dos psiquiatras e psicólogos), nada menos de 54% da população sofre de algum transtorno psiquiátrico. Para mim, essa é obviamente uma conclusão bizarra. Ao acrescentar toda uma gama de novos "transtornos" e baixar o patamar de transtornos existentes, o manual parece não descrever a insanidade, mas personificá-la. Não seria ótimo se fosse publicado um novo DSM que descrevesse nossos talentos em vez de nossas falhas? O futuro é promissor, mas ainda temos muito caminho a percorrer nesse quesito.

A última modalidade da estratégia da inversão é o que chamo de *técnica do alvo*. Vou explicar por quê. Um praticante de tiro amador estava de férias na Inglaterra e durante uma caminhada viu um alvo pintado numa árvore. No centro do alvo havia um buraco de bala. Nada de muito estranho nisso. O que era estranho *mesmo* era o fato de não haver nenhum outro buraco, nem no alvo em si, nem em qualquer parte do tronco. Alguém obviamente havia acertado o alvo em cheio com um tiro só. O atirador ficou muito impressionado, pois sabia por experiência própria como aquilo era difícil. Não muito tempo depois, para seu assombro, ele deparou com um alvo idêntico em outra árvore. Que impressionante, conseguir dar dois tiros tão certeiros! Um pouco mais tarde ele parou num bar, perguntou ao atendente se ele sabia algo sobre um exímio atirador na região e comentou sobre os alvos. O atendente começou a rir.

– Não temos nenhum exímio atirador por aqui, mas temos um pintor. Primeiro ele dá um tiro na árvore, depois pinta um alvo ao redor do buraco.[10]

A essência desse último método de inversão é simples: mude a *ordem do processo*. Comece pelo fim, termine pelo começo. Veja um exemplo simples: uma aluna do ensino médio tinha muita dificuldade para fazer os deveres de casa, já que levava uma vida social muito movimentada. Os pais tentaram de tudo para ajudar a filha a organizar melhor o tempo: calendários, agendas, dicas de eficiência... nada adiantou. Até que o flip thinking aconteceu. O pai sugeriu que a filha começasse agendando o tempo livre. Quando ela sairia com os amigos? Quando iria a algum aniversário ou show? Como essa abordagem significava que o tempo livre estava garantido, a menina ficou mais tranquila no restante do tempo e soube aproveitá-lo melhor para estudar.[11]

Pessoas em situação de rua geralmente têm muita dificuldade para se habituar a um novo lar. Quem as ajuda costuma levá-las primeiro a um abrigo, depois muitas vezes a uma casa coletiva, em geral com a condição de que façam terapia. Uma situação de moradia permanente só é fornecida depois que elas demonstram competência para viver de forma autônoma. Mas a vida em coletividade cria todo tipo de tensão, e as pessoas muitas vezes não conseguem lidar com isso e voltam para as ruas. Felizmente existe outro jeito. O projeto Housing First, de Nova York, encontra moradias permanentes para pessoas sem-teto assim que começa a ajudá-las, sem qualquer pré-requisito. O raciocínio por trás dessa política é o seguinte: quando as pessoas têm um lugar seguro para morar, elas começam a ter paz de espírito e podem experimentar o respeito próprio e o senso de autonomia que são cruciais para transformar todos os outros aspectos da vida delas. Além disso, em vez de incentivar a mudança prometendo um prêmio no futuro, o projeto oferece às pessoas o incentivo mais poderoso de todos: conservar o que elas já têm.[12]

A partir de agora, se você se vir diante de um problema, faça a si mesmo a pergunta que está no cerne dessa estratégia: "Meu problema vem a calhar?" Penso nisso como a pergunta milagrosa do flip thinking. Pergunte isso a si mesmo o tempo todo, antes de qualquer outra coisa. Se estiver diante de uma situação difícil ou opressiva, pergunte: um erro poderia ser um acerto? O fim poderia ser o começo? Uma desvantagem poderia ser uma vantagem?

Então examine novamente a realidade com essa nova moldura. De vez em quando na vida não é preciso fazer nada, exceto inverter uma dificuldade e transformá-la em intenção. Por isso a estratégia da inversão, quando funciona, é de longe a maneira mais fácil de transformar problemas em oportunidades. Você no fundo não precisa fazer absolutamente nada, exceto mudar sua perspectiva.

## PARTE 3
# Por fim

# Resumo

## As quinze estratégias do flip thinking

### Estratégia 1: Aceitação

*Qual a estratégia?* Aceitar a situação e ver o que dá para fazer com ela.

*Qual o efeito?* Um impasse de repente se transforma numa nova oportunidade.

*Quando usar?* Quando a realidade for inevitável e imutável. Quando resistir for inútil. Quando for preciso encarar a verdade. Quando já não der mais para enganar a si mesmo e aos outros.

*Como usar?* Não olhe apenas para o que estiver visível. Examine também as tendências implícitas (para onde essa situação parece estar indo) e mova-se nessa direção.

### Estratégia 2: Espera

*Qual a estratégia?* Esperar uma nova oportunidade aparecer.

*Qual o efeito?* A maré vira depois de um tempo. Uma desvantagem se transforma espontaneamente em vantagem. Um desastre se torna uma bênção.

*Quando usar?* Em duas situações: quando as circunstâncias estiverem sujeitas a mudanças e quando você precisar de tempo para amadurecer uma ideia.

*Como usar?* Mantenha o "desastre", o "problema" ou a "impossibilidade" no fundo da mente. Enquanto isso, saia para dar uma volta, tomar um café, nadar. A oportunidade vai se revelar e a descoberta virá à tona espontaneamente.

### Estratégia 3: Potencialização

*Qual a estratégia?* Olhar para o que está dando certo e fazer mais do mesmo.

*Qual o efeito?* As situações se movem feito pratos numa balança. Num círculo virtuoso, elas se metamorfoseiam como uma lagarta em borboleta. A potencialização funciona como uma alavanca.

*Quando usar?* Em três situações: quando uma situação for instável, quando ela estiver prestes a assumir uma nova forma ou quando for possível intervir no sistema.

*Como usar?* Não aceite o que não funciona, olhe para as coisas que dão certo, escolha a mais promissora e a potencialize.

### Estratégia 4: Respeito

*Qual a estratégia?* É a tática mais agradável de todas. Mostrar às pessoas as consequências do comportamento, das opiniões ou dos desejos delas. Dar a elas exatamente o que estão pedindo. Por estranho que pareça, elas em geral não querem.

*Qual o efeito?* A situação muda na mesma hora. As pessoas relaxam instantaneamente. Percebem que exageraram.

*Quando usar?* Quando alguém exibir comportamentos contraditórios. Quando disser uma coisa, mas fizer outra. Quando disser que está tudo bem, apesar de continuar reclamando.

*Como usar?* Quando a pessoa reclamar, diga que ela tem razão. Diga que se fosse você, reclamaria até mais. Em suma, se a pessoa disser X, diga X também.

## Estratégia 5: Perseverança

*Qual a estratégia?* A palavra já diz tudo. Apenas seguir em frente.

*Qual o efeito?* Com o tempo, contanto que você persevere, uma nova oportunidade irá surgir.

*Quando usar?* Enquanto você tiver a sensação de que ainda existem oportunidades por aí e de que ainda não tentou tudo.

*Como usar?* Continue experimentando novas maneiras de atingir seu objetivo. Experimente. Aprenda por tentativa e erro. Mantenha os olhos abertos para o inesperado e confie na sorte.

## Estratégia 6: Foco

*Qual a estratégia?* Manter os olhos no objetivo. O que exatamente você está tentando alcançar? Defina sua meta com a maior precisão possível.

*Qual o efeito?* Você não precisa tentar com mais afinco, só precisa desenvolver o poder que permite à água cortar aço.

*Quando usar?* Sempre que quiser conquistar algo.

*Como usar?* Largue aquilo que você não quer. Esqueça qualquer estágio, método ou condição substitutos. Comece pelo fim, por aquilo que você quer de verdade. Tenha em mente seu objetivo final e ao longo do processo volte sempre a ele. Tudo bem se precisar ajustar o objetivo ou desistir dele.

## Estratégia 7: Repensamento

*Qual a estratégia?* Ver quais são as oportunidades e criar um problema que você possa solucionar.

*Qual o efeito?* Você olha o mundo em volta de outro modo. Percebe que existem possibilidades constantes.

*Quando usar?* A qualquer momento. Tanta coisa já foi pensada, descoberta, tentada, que seria ingênuo pensar que não há mais nada de valor à sua volta.

*Como usar?* Procure. Pesquise. Converse com pessoas. Faça perguntas. Reconsidere antigas ideias que você tinha descartado.

### Estratégia 8: Eliminação

*Qual a estratégia?* Eliminar parte da realidade. Essa parte pode ser uma coisa ou um pensamento.

*Qual o efeito?* Algo que já não funciona abre espaço para novas oportunidades. Quanto maior o vácuo, maior a força de atração de novas possibilidades.

*Quando usar?* Quando as coisas não estiverem mais dando certo. Quando crenças antigas não se encaixarem mais na realidade atual. Quando você estiver sobrecarregado.

*Como usar?* Elimine o que não funciona, examine o que sobrou e faça alguma coisa com isso.

### Estratégia 9: Incorporação

*Qual a estratégia?* Aliar-se ao inimigo. Chamar um hacker para ser o chefe da segurança de TI.

*Qual o efeito?* Dois coelhos com uma só cajadada. Você perde um inimigo e ganha um valioso aliado, que trabalha para você e depende de você.

*Quando usar?* Quando houver um inimigo difícil de derrotar ou com quem você não consegue colaborar (ver Estratégia 10).

*Como usar?* Convide, contrate a outra pessoa.

### Estratégia 10: Colaboração

*Qual a estratégia?* Explorar os objetivos que você tem em comum com seu adversário.

*Qual o efeito?* Uma aliança repentina e inesperada.

*Quando usar?* Quando a outra pessoa quiser a mesma coisa que você.

*Como usar?* Procure semelhanças, enfatize seu interesse comum e esqueça (temporariamente) os conflitos e as diferenças de opinião.

### Estratégia 11: Instigação

*Qual a estratégia?* Usar os desejos do outro para criar as próprias oportunidades.

*Qual o efeito?* Você conquista aliados leais e consistentes. Pessoas que fazem o que querem fazer, por iniciativa própria, sem castigo ou ameaça.

*Quando usar?* Sempre que houver pessoas que você possa usar para alcançar seu objetivo.

*Como usar?* Descubra o que a outra pessoa deseja. Como as pessoas muitas vezes não sabem o que de fato querem, essa é uma abordagem que pode ser surpreendente.

## Estratégia 12: Ostentação

*Qual a estratégia?* Exagerar o que você deseja esconder. Exibir aquilo que o envergonha. Mostrar o que não deveria estar ali.

*Qual o efeito?* A ansiedade desaparece. É como enfiar a cabeça na boca do demônio; isso tira o poder dele.

*Quando usar?* Quando você estiver ocultando, escondendo ou suprimindo algo. Quando estiver construindo uma imagem que não representa quem você é.

*Como usar?* Brinque, atue, amplie, exagere, enfatize, afirme que está exagerando e então exagere mais um pouquinho. Transforme a situação numa cena de teatro amador, use efeitos especiais ruins e música brega.

## Estratégia 13: Troca de papéis

*Qual a estratégia?* Adotar o comportamento do outro e intensificá-lo.

*Qual o efeito?* Você rompe padrões de comportamento emperrado. O outro percebe que não pode mais fazer determinado papel (como o de vítima) e você se desobriga a assumir o papel oposto. Isso interrompe a encenação e permite que vocês se vejam como são de verdade.

*Quando usar?* Quando alguém exibir um comportamento emperrado e esperar que você participe desse drama. Não participe.

*Como usar?* Espelhe a outra pessoa (de todas as formas imagináveis).

### Estratégia 14: Perturbação

*Qual a estratégia?* Virar todas as regras de cabeça para baixo.

*Qual o efeito?* Uma anarquia temporária. Novas regras possibilitam jogar um novo jogo.

*Quando usar?* Quando as regras do jogo não estiverem funcionando para você.

*Como usar?* Identifique as regras (implícitas) que estão sendo seguidas por você ou pelos outros e as transgrida.

### Estratégia 15: Inversão

*Qual a estratégia?* Transformar um problema em oportunidade. Ver o lado bom de um infortúnio.

*Qual o efeito?* A coisa que estava incomodando de repente passa a dar prazer. O problema vem a calhar.

*Quando usar?* Numa realidade problemática e mutável. Não use para coisas que por definição não podem ser mudadas.

*Como usar?* Transforme o problema em fato e o fato em oportunidade.

# Sua vez

Hora de pôr mãos à obra. Você me acompanhou nessa (longa) jornada e agora tem um resumo das quinze estratégias para levar no bolso em futuras viagens. Está na hora de se virar por conta própria. Mas, antes, algumas instruções finais.

O flip thinking começa no momento em que você decide mudar alguma coisa. Se um "problema" específico estiver incomodando você, de agora em diante não se considere apenas uma vítima impotente. *Você* é quem cria todas as experiências do seu universo. Você não pode mudar a chuva, o trovão nem o raio, mas pode, sim, mudar o que essas coisas significam para você ou o que pode fazer com elas. Em princípio, é simples: você pode resolver o problema, deixá-lo como está ou ressignificá-lo. Certifique-se de fazer uma escolha clara.

Para isso, recorra àquelas quatro perguntas. *Qual é o problema exatamente?* (Isso ajuda você a entender se deve resolvê-lo ou deixá-lo pra lá.) *É de fato um problema? Será que o problema sou eu?* Considero essa terceira pergunta particularmente importante. Quando precisar de um flip thinking, em muitos casos bastará apenas parar de usar o pensamento emperrado. Não tenho nem palavras para dizer quanto isso faz diferença. Já que muitas vezes nós mesmos criamos nossa infelicidade, podemos também parar de fazê-lo. Somente depois que passa por essas três perguntas é que nosso problema se habilita para a quarta e última: *O problema vem a calhar?* Ou seja, o flip thinking é possível?

Em seguida, atreva-se a confiar no seu instinto: use a intuição para escolher uma atitude fundamental. Faça a si mesmo a seguinte pergunta: devo abordar essa situação com amor ou como um tipo de trabalho, luta ou jogo? Acredite na sua capacidade de escolher intuitivamente a melhor abordagem, em especial se estiver lidando há muito tempo com uma situação difícil.

E é aí que você vai pensar com cuidado sobre ela. Use todo o conhecimento que você acumulou para bolar um plano de ação, uma estratégia concreta. Não tenha pressa. Faça um plano ousado, preciso e focado. Se necessário, revolucione. Escreva seu passo a passo, converse com outras pessoas, teste, ensaie: não importa o que faça, esteja preparado.

Agora vá com tudo.

Seja decidido. Dê 100% de si, sem qualquer hesitação. O momento de hesitar foi no passo anterior. Esta fase exige coragem, destemor e autoconfiança.

Aguarde o tempo necessário, se for o caso. Cada estratégia leva um determinado tempo. Às vezes o flip thinking ilumina o céu como um relâmpago, outra vezes precisa de (bem) mais tempo. Para cozinhar um ovo leva só uns minutinhos; já um ensopado demora bem mais para ficar pronto.

Por fim, avalie. Você conseguiu transformar o problema em oportunidade? Aproveite!

Caso contrário, tente outra vez. Fracassar não é tão ruim assim; ruim é não se levantar de novo.

Agradeço sua atenção e lhe desejo boa viagem. Se quiser me mandar uma mensagem – esteja você em casa, numa cidade tropical ou numa ilha deserta –, eu ficarei feliz. Todo fracasso, todo erro e todo sucesso são mais do que bem-vindos. Mande sua história para a gente: info@omdenken.nl.

# Nas coxias

*Escrever um livro é uma empreitada e tanto.*

Felizmente pude contar com a ajuda de muitas pessoas quando escrevi a primeira edição desta obra, em 2008. Elas me faziam perguntas simples mas desconcertantes, do tipo "Como assim?", ou escreviam "Chaaato" na margem em letras graúdas. Sem esse feedback, eu teria seguido feito um foguete na direção errada.

A primeira edição foi criada em duas rodadas. Na primeira, pedi que esses leitores iniciais usassem pontos de exclamação para indicar as partes realmente bacanas. Poderíamos chamar essa fase de *potencialização*. Gostaria de agradecer a Pepijn Lagerwey, Willem van Boekel, Marieke Frieling, Gijs Nollen, Jan Ruigrok, Daniel Koopmans, Erik F. Kuperus, Bart van der Schaaf, Herberd Prinsen, Rienus Krul, Maartje Kraanen, Johannette van Zoelen, Tim Winkel, Annelies Potuyt, Pieterjan Dwarshuis e Job Jansen por sua ajuda incansável. Seus comentários e sugestões ajudaram o livro a tomar forma meio que espontaneamente.

A segunda rodada se concentrou na estrutura e procurou se livrar de tudo que fosse fraco, medíocre ou "razoável". Poderíamos chamá-la de *eliminação*. Várias pessoas se dispuseram a ler o livro de novo com isso em mente. Também devo a elas um enorme obrigado. Gostaria de agradecer o feedback e apoio do meu amigo Jules van Dam (que compartilhou conosco uma história no capítulo sobre a estratégia da incorporação). Obrigado a Ruud Tiessen, por suas perguntas e seus comentários fundamentais sobre a essência deste livro. Também encontrei uma grande fonte de inspiração em Sebo Ebbens, um homem espiritualizado com ótimo senso de humor (e que felizmente consegue combinar as duas coisas sem qualquer esforço).

A nova edição tem outra origem. Eu já sabia por experiência própria que revisar um livro às vezes pode ser mais complexo do que escrever um novo, assim como uma grande reforma pode dar mais trabalho do que construir outra casa do zero. Mas era exatamente esse o objetivo. E foi isso que fiz. Que trabalheira. Felizmente tive o privilégio de, mais uma vez, receber muito apoio.

Gostaria de agradecer a meu filho, Jan Gunster, por sua iniciativa de revisar a obra. Esta nova edição muito se deve à sua firme convicção de que o livro deveria ser atualizado em sua forma e seu conteúdo – o projeto gráfico original é dele, aliás.

Muita coisa aconteceu desde 2008. Por exemplo, Nelleke Poorthuis ficou responsável por criar nosso perfil nas redes sociais (como Facebook e Twitter). Não dá nem para mensurar o impacto que isso teve. Graças à nossa presença on-line, centenas de pessoas nos encontraram e compartilharam as mais inspiradoras histórias, que são a base desta nova edição.

Também gostaria de agradecer aos treinadores e atores que, durante anos, produziram nossos espetáculos e workshops dia sim, outro também. Graças a seus insights constantes sobre os textos, as cenas e a estrutura dos programas, o método Flip Thinking foi se aperfeiçoando com o tempo. A prática diária dos espetáculos e sessões de treinamento – há mais de quinze anos – e o contato direto com o público permitem que nossa filosofia esteja em constante evolução. Nós ensinamos a nossos alunos, mas eles, por sua vez, também nos ensinam com suas perguntas, sacadas e histórias.

Por fim, quero agradecer à minha amada, minha companheira de vida e coempreendedora, Annemargreet Dwarshuis. Seu apoio, como sempre, foi inspirador e me desafiou intelectualmente. Passamos quinze dias em Tenerife dando os retoques finais neste livro. Foram duas semanas de pura alegria, em todos os sentidos. Minha parceira de vida também tem sido minha melhor colega de trabalho... há mais de 45 anos. Não é incrível? Todo mundo deveria ter a mesma sorte que eu.

*Berthold Gunster*
*Utreque, 2022*

# Leituras recomendadas

Gurus, líderes, capitães...

## Criatividade

ABRAHAMSON, Eric; FREEDMAN, David H. *Uma bagunça perfeita: Como aproveitar as vantagens da desordem.* Rio de Janeiro: Rocco, 2008.

ANTHONIO, Gabriël. *Het beste idee van 2013.* Tilburgo: Uitgeverij De Wereld, 2014.

ARDEN, Paul. *Não basta ser bom, é preciso querer ser bom.* Rio de Janeiro: Intrínseca, 2011.

ARDEN, Paul. *Tudo o que você pensa, pense ao contrário.* Rio de Janeiro: Intrínseca, 2008.

BAKKER, Han. *Creatief denken.* Soest: Uitgeverij Nelissen, 1998.

BLACK, Octavius; BAILEY, Sebastian. *Mind Gym.* Nova York: HarperOne, 2014.

BONO, Edward de. *How to Have a Beautiful Mind.* Londres: Vermilion, 2004.

BONO, Edward de. *Lateral Thinking.* Londres: Penguin, 1970.

BONO, Edward de. *Simplicity.* Londres: Penguin, 1998.

BONO, Edward de. *The Mechanism of Mind.* Nova York: Simon & Schuster, 1969.

BONO, Edward de. *Thinking Course: Powerful Tools to Transform Your Thinking.* Londres: BBC Ative, 2006.

BOSHOUWERS, Stan. *Handboek voor hemelbestormers*. Zaltbommel: Uitgeverij Thema, 2005.

BRAAK, Hans van de. *Ontsnappingskunst*. Amsterdã: Amsterdam University Press, 2002.

BUSSCHER, Jeroen. De kritische mens zit ons in de weg. *De Volkskrant*, 13 maio 2006.

BYTTEBIER, Igor. *Creativiteit. Hoe? Zo!* Tielt: Lannoo, 2002.

BYTTEBIER, Igor; VULLINGS, Ramon. *Creativity Today*. Amsterdã: BIS Publishers, 2007.

CLAXTON, Guy. *Hare Brain, Tortoise Mind: How Intelligence Increases When You Think Less*. Londres: Fourth Estate, 1997.

CLAXTON, Guy; LUCAS, Bill. *Be Creative: Essential Steps to Revitalise Your Work and Life*. Londres: BBC Active, 2004.

CSIKSZENTMIHALYI, Mihaly. *Criatividade: O flow e a psicologia das descobertas e das invenções*. Rio de Janeiro: Objetiva, 2024.

EASTAWAY, Rob. *Out of the Box: 101 Ideas for Thinking Creatively*. Londres: Duncan Baird, 2007.

FISHER, Roger; URY, William; PATTON, Bruce. *Como chegar ao sim: Como negociar acordos sem fazer concessões*. Rio de Janeiro: Sextante, 2018.

FLORIDA, Richard. *A ascensão da classe criativa*. Porto Alegre: L&PM, 2011.

GASPERSZ, Jeff. *Grijp je kans! Vind en benut nieuwe mogelijkheden*. Houten: Spectrum, 2009.

GUNTERN, Gottlieb. *Sieben goldene Regeln der Kreativitätsförderung*. Zurique: Scalo Zürich, 1999.

HAFKAMP, Koos. *Creatief denken*. Haia: Academic Service, 2005.

KNOOPE, Marinus. *De creatiespiraal*. Nijmegen: KIC, 1998.

LEWIN, Roger. *Complexidade: A vida no limite do caos*. Rio de Janeiro: Rocco, 1994.

MAEDA, John. *As leis da simplicidade*. Ribeirão Preto: Novo Conceito, 2006.

OECH, Roger von. *Creative Whack Pack* (baralho). US Games Systems Inc.

PARKER, George. *Het grote boek van de creativiteit*. Amsterdã: Archipel, 2004.

PINK, Daniel H. *O cérebro do futuro: A revolução do lado direito do cérebro.* Rio de Janeiro: Campus, 2007.

PINK, Daniel H. *Motivação 3.0 – Drive: A surpreendente verdade sobre o que realmente nos motiva.* Rio de Janeiro: Sextante, 2019.

POLET, Sybren. *De creatieve factor.* Amsterdã: Wereldbibliotheek, 1995.

TROMPENAARS, Frans. *Creativiteit en innovatie.* Amsterdã: Nieuw Amsterdam Uitgevers, 2007.

## Psicologia e psicologia para leigos

BECKER, Gavin de. *Virtudes do medo.* Rio de Janeiro: Rocco, 1999.

BELITZ, Charlene; LUNDSTROM, Meg. *O poder do fluxo.* Rio de Janeiro: Rocco, 2015.

BERNE, Eric. *Os jogos da vida: Análise transacional e o relacionamento entre as pessoas.* São Paulo: Nobel, 1995.

BOHM, David. *Diálogo: Comunicação e redes de convivência.* São Paulo: Palas Athena, 2008.

CIALDINI, Robert B. *As armas da persuasão: Como influenciar e não se deixar influenciar.* Rio de Janeiro: Sextante, 2013.

COOPERRIDER, David L.; WHITNEY, Diana. *Appreciative Inquiry: A Positive Revolution in Change.* São Francisco: Berrett-Koehler Publishers, 2005.

CSIKSZENTMIHALYI, Mihaly. *Flow: A psicologia do alto desempenho e da felicidade.* Rio de Janeiro: Objetiva, 2020.

DIJKSTERHUIS, Ap. *Het slimme onbewuste.* Amsterdã: Uitgeverij Bert Bakker, 2007.

DIJKSTRA, Pieternel; MULDER, Gert Jan. *Overleven in relaties.* Amsterdã: Uitgeverij Bert Bakker, 2009.

FRITZ, Robert. *The Path of Least Resistance.* Nova York: Ballantine Books, 1989.

GLADWELL, Malcolm. *Blink: A decisão num piscar de olhos.* Rio de Janeiro: Sextante, 2016.

GLADWELL, Malcolm. *O ponto da virada: Como pequenas coisas podem fazer uma grande diferença.* Rio de Janeiro: Sextante, 2013.

GOLDSTEIN, Noah J.; MARTIN, Steve J.; CIALDINI, Robert B. *Sim! 50 segredos da ciência da persuasão*. Rio de Janeiro: Best Seller, 2009.

GOLEMAN, Daniel. *Inteligência emocional*. Rio de Janeiro: Objetiva, 1996.

GOLEMAN, Daniel. *Inteligência social*. Rio de Janeiro: Objetiva, 2019.

GOTTMAN, John M. *The Seven Principles for Making Marriage Work*. Nova York: Three Rivers Press, 1999.

HOLLANDER, Jaap; WIJNBERG, Jeffrey. *Provocatief coachen. De basis*. Schiedam: Scriptum, 2006.

KAHNEMAN, Daniel. *Rápido e devagar: Duas formas de pensar*. Rio de Janeiro: Objetiva, 2012.

PEREL, Esther. *Sexo no cativeiro*. Rio de Janeiro: Objetiva, 2018.

RASSIN, Eric. *Waarom ik altijd gelijk heb: over tunnelvisie*. Schiedam: Scriptum Psychologie, 2007.

ROBBINS, Tony. *Poder sem limites*. Rio de Janeiro: Best Seller, 2017.

SATIR, Virginia. *Making Contact*. Berkeley: Celestial Arts, 1995.

SATIR, Virginia. *The New Peoplemaking*. Mountain View: Science and Behavior Books, 1988.

SELIGMAN, Martin E. P. *Felicidade autêntica: Use a psicologia positiva para alcançar todo o seu potencial*. Rio de Janeiro: Objetiva, 2019.

SIMONS, Daniel J.; CHABRIS, Christopher F. Gorillas in Our Midst: Sustained Inattentional Blindness for Dynamic Events. *Perception*, v. 28, n. 9, p. 1059-1074, 1999.

SITSKOORN, Margriet. *Het maakbare brein*. Amsterdã: Uitgever Bert Bakker, 2007.

SUROWIECKI, James. *A sabedoria das multidões*. Rio de Janeiro: Record, 2006.

URY, William. *Supere o não: Como negociar com pessoas difíceis*. São Paulo: Benvirá, 2019.

VONK, Roos. *Ego's en andere ongemakken*. Schiedam: Scriptum Books, 2011.

WAAL, Frans de. *A era da empatia*. São Paulo: Companhia das Letras, 2021.

WATZLAWICK, Paul. *The Situation Is Hopeless But Not Serious*. Nova York: W.W. Norton, 1993.

WATZLAWICK, Paul *et al*. *Change: Principles of Problem Formation and Problem Resolution*. Nova York: W.W. Norton, 1974.

WIJNBERG, Jeffrey. *Gekker dan gek, hoe provocatieve therapie werkt*. Schiedam: Scriptum Psychologie, 2004.

WIJNBERG, Jeffrey. *In het diepste van de ziel is niets te vinden*. Schiedam: Scriptum, 2003.

WIJNBERG, Jeffrey. *Niemand is iemand zonder de ander*. Schiedam: Scriptum, 2009.

WISEMAN, Richard. *Did You Spot the Gorilla?* Londres: Arrow Books, 2004.

WISEMAN, Richard. *The Luck Factor*. Nova York: Miramax, 2003.

## Filosofia e espiritualidade

CORNELIS, Arnold. *De vertraagde tijd*. Midelburgo: Essence, 1999.

GRÜN, Anselm. *Buch der Sehnsucht*. Freiburg: Herder, 2003.

HAGEN, Steve. *Budismo claro e simples: Como estar sempre atento, neste exato momento, todos os dias*. São Paulo: Pensamento, 2002.

HARING, Bas. *De ijzeren wil*. Antuérpia: Uitgeverij Houtekiet, 2003.

HARING, Bas. *For a Successful Life*. Londres: Beautiful Books, 2008.

MAEX, Edel. *Mindfulness*. Tielt: Lannoo Publishers, 2014.

TALEB, Nassim Nicholas. *A lógica do cisne negro: O impacto do altamente improvável*. Rio de Janeiro: Objetiva, 2021.

TALEB, Nassim Nicholas. *Antifrágil: Coisas que se beneficiam com o caos*. Rio de Janeiro: Objetiva, 2020.

TOLLE, Eckhart. *O poder do Agora: Um guia para a iluminação espiritual*. Rio de Janeiro: Sextante, 2010.

TOLLE, Eckhart. *Um novo mundo: O despertar de uma nova consciência*. Rio de Janeiro: Sextante, 2011.

WALSCH, Neale Donald. *The Complete Conversations with God*. Nova York: Tarcher-Perigee, 2005.

# Administração e marketing

BECKER, Hans Marcel. *Levenskunst op leeftijd*. Delft: Eburon, 2003.

CALUWÉ, Leon de; VERMAAK, Hans. *Leren veranderen*. Alphen aan den Rijn: Samson, 1999.

COLLINS, Jim. *Good to Great*. Amsterdã: Business Contact, 2004.

COVEY, Stephen R. *Os 7 hábitos das pessoas altamente eficazes*. Rio de Janeiro: Best Seller, 2015.

FRITZ, Robert; BODAKEN, Bruce. *The Managerial Moment of Truth*. Nova York: Free Press, 2006.

GODIN, Seth. *The Dip*. Nova York: Portfolio, 2007.

GREENE, Robert. *As 48 leis do poder*. Rio de Janeiro: Rocco Digital, 2017.

GROEN, Theo *et al. Innoveren, begrippen, praktijk, perspectieven*. Houten: Uitgeverij Spectrum, 2006.

HAMMOND, Sue Annis. *The Thin Book of Appreciative Inquiry*. 2 ed. Plano: Thin Book Publishing, 1998.

HANNEN, Jos; WEES, Kees-Jan van. *Het geroosterde speenvarken en andere managementparabels*. Amersfoort: Klapwijk en Keijsers Uitgevers, 2007.

JACKSON, Paul; McKERGOW, Mark. *The Solutions Focus*. Londres: Nicholas Brealey, 2006.

JACOBS, Dany. *Strategie, leve de diversiteit*. Amsterdã: Pearson Education Benelux, 2005.

JOHNSON, Sue. *Me abraça forte: Como usar a Terapia Focada nas Emoções para resgatar, manter ou aprofundar seu relacionamento*. Rio de Janeiro: Sextante, 2023.

KAPLAN, Sarah; FOSTER, Richard N. *Destruição criativa: Por que empresas feitas para durar não são bem-sucedidas*. Rio de Janeiro: Campus, 2002.

LEVITT, Steven D.; DUBNER, Stephen J. *Freakonomics: o lado oculto e inesperado de tudo que nos afeta*. Rio de Janeiro: Alta Cult, 2019.

LINDSTROM, Martin. *A lógica do consumo: Verdades e mentiras sobre por que compramos*. Rio de Janeiro: HarperCollins Brasil, 2017.

MORGAN, Gareth. *Imagens da organização*. São Paulo: Atlas, 1996.

PETERS, Tom. *Re-imagine! Business Excellence in a Disruptive Age*. Londres: Dorling Kindersley, 2006.

PETERS, Tom; WATERMAN, Robert. *In Search of Excellence*. Nova York: HarperBusiness, 2006.

SEMLER, Ricardo. *The Seven-Day Weekend*. Nova York: Portfolio, 2004.

SENGE, Peter M. *A quinta disciplina: A arte e prática da organização que aprende*. Rio de Janeiro: Best Seller, 2013.

SENGE, Peter et al. *The Dance of Change, the Challenges to Sustaining Momentum in Learning Organizations*. Nova York: Doubleday, 1999.

VISSER, Coert. *Doen wat werkt: Oplossingsgericht werken in organizaties*. Deventer: Kluwer, 2005.

VISSER, Coert; BODIEN, Gwenda Schlundt. *Paden naar oplossingen*. Schiedam: MainPress B.V., 2008.

## Saúde e felicidade

BUCKINGHAM, Marcus; CLIFTON, Donald O. *Descubra seus pontos fortes*. Rio de Janeiro: Sextante, 2017.

CARTER-SCOTT, Chérie. *If Life Is a Game, These Are the Rules*. Nova York: Harmony, 1998.

CARTER-SCOTT, Chérie. *If Love Is a Game, These Are the Rules*. Nova York: Crown Archetype, 1999.

FRITZ, Robert. *Your Life as Art*. Newfane: Newfane Press, 2002.

GLOUBERMAN, Dina. *The Joy of Burnout*. Londres: Skyros Books, 2013.

KALSE, John. *De kracht van ja*. Deventer: Ankh-Hermes, 2004.

KATIE, Byron. *Ame a realidade: Quatro perguntas que podem mudar sua vida*. Rio de Janeiro: Best Seller, 2009.

KAUFMAN, Barry Neil. *Son-Rise*. San Rafael: New World Library, 1994.

RICHO, David. *As 5 coisas que não podemos mudar*. São Paulo: ARX, 2006.

RIDDER, Willem de. *Handboek spiegelogie*. Groningen: Uitgeverij de Zaak, 1999.

SCHAPER, Frank. *Geen tijd voor burn-out*. Schiedam: Scriptum Psychologie, 2004.

SEGERSTROM, Suzanne C. *Desmitificando a Lei de Murphy*. Rio de Janeiro: Best Seller, 2007.

# Teatro

BROOK, Peter. *O espaço vazio*. Rio de Janeiro: Apicuri, 2011.
JOHNSTONE, Keith. *Impro*. Nova York: Routledge, 1987.

## Teoria de sistemas

BRYAN, Bill; GOODMAN, Michael; SCHAVELING, Jaap. *Systeemdenken, ontdekken van onze organizatiepatronen*. Haia: Academic Service, 2006.

CHOY, Joep. *De vraag op het antwoord: Systemische interventies voor conflicten in organizaties*. Santpoort-Zuid: Nisto Publicaties, 2005.

RICHARDSON, George. *Feedback Thought*. Waltham: Pegasus Communications, 1991.

RICHARDSON, George. *Feedback Thought in Social Science and Systems Theory*. Filadélfia: University of Pennsylvania Press, 1990.

# Notas e referências

## Aceitação

1. GASPERSZ, Jeff. *Grijp je kans! Vind en benut nieuwe mogelijkheden.* Houten: Spectrum, 2009.
2. RICHO, David. *As 5 coisas que não podemos mudar.* São Paulo: ARX, 2006.
3. GOTTMAN, John M. *The Seven Principles for Making Marriage Work.* Nova York: Three Rivers Press, 1999.
4. *Psychologie Magazine,* jun. 2009.
5. KATIE, Byron. *Ame a realidade: Quatro perguntas que podem mudar sua vida.* Rio de Janeiro: Best Seller, 2009.

## Observação

1. DARLEY, John; BATSON, Daniel. "From Jerusalem to Jericho": A Study of Situational and Dispositional Variables in Helping Behavior. *Journal of Personality and Social Psychology,* v. 27, p. 100-108, 1973.
2. BRYAN, Bill; GOODMAN, Michael; SCHAVELING, Jaap. *Systeemdenken, ontdekken van onze organizatiepatronen.* Haia: Academic Service, 2006.
3. SIMONS, Daniel J.; CHABRIS, Christopher F. Gorillas in Our Midst: Sustained Inattentional Blindness for Dynamic Events. *Perception,* v. 28, n. 9, p. 1059-1074, 1999.

4. CLAXTON, Guy. *Hare Brain, Tortoise Mind: How Intelligence Increases When You Think Less*. Londres: Fourth Estate, 1997.
5. KAHNEMAN, Daniel. *Rápido e devagar: Duas formas de pensar*. Rio de Janeiro: Objetiva, 2012.

## E se tudo der certo?

1. GROEN, Theo *et al*. *Innoveren, begrippen, praktijk, perspectieven*. Houten: Uitgeverij Spectrum, 2006.
2. GARDNER, J.; OSWALD, A. J. Money and Wellbeing. *Journal of Health Economics*, v. 26, p. 49-60, out. 2006; ver também www.vanmaanen.org.

## Antifragilidade

1. SAGI-SCHWARTZ, A.; BAKERMANS-KRANENBURG, M.; LINN, S.; IJZENDOORN, M. van. Against All Odds Genocidal Trauma Is Associated with Longer Life-expectancy of the Survivors. *PLoS One*, v. 8, n. 7, e69179, jul. 2013.
2. WEINTRAUB, Pamela. The New Survivors. *Psychology Today*, 1º jul. 2009. Disponível em: www.psychologytoday.com/us/articles/200907/the-new-survivors.

## Pensamento emperrado

1. SENGE, Peter M. *A quinta disciplina: A arte e prática da organização que aprende*. Rio de Janeiro: Best Seller, 2013.

## As quatro perguntas

1. WIJNBERG, Jeffrey. *Niemand is iemand zonder de ander*. Schiedam: Scriptum, 2009.

## Estratégia da aceitação

1. VONK, Roos. *Ego's en andere ongemakken*. Schiedam: Scriptum, 2011.
2. Ouvimos essa história em primeira mão da protagonista. Por motivo de privacidade, os nomes não são mencionados aqui.

## Estratégia da espera

1. ANTHONIO, Gabriël. *Het beste idee van 2013*. Tilburgo: Uitgever De Wereld, 2014.
2. SMITH, Steven M.; BLANKENSHIP, Steven E. Incubation and the Persistence of Fixation in Problem Solving. *American Journal of Psychology*, v. 104, n. 1, p. 61-87, 1991.
3. CLAXTON, Guy. *Hare Brain, Tortoise Mind: How Intelligence Increases When You Think Less*. Londres: Fourth Estate, 1997.
4. Ibid.

## Estratégia da potencialização

1. TREPPER, Terry S. *et al.* Steve de Shazer and the Future of Solution Based Therapy. *Journal of Marital and Family Therapy*, v. 32, n. 2, p. 133-139, 2007. Disponível em: https://onlinelibrary.wiley.com/doi/abs/10.1111/j.1752-0606.2006.tb01595.x.
2. *Algemeen Dagblad*, caderno Thema, 19 maio 2008.
3. A citação é de uma conversa pessoal com Martin Seligman, registrada por Louis Cauffman. Fonte: CAUFFMAN, Louis. *Simpel, oplossingsgerichte positieve psychologie in actie*. Den Haag: Boom-Lemma, 2013.
4. PETERS, Tom. *Re-imagine! Business Excellence in a Disruptive Age*. Londres: Dorling Kindersley, 2006.
5. COOPERRIDER, David L.; WHITNEY, Diana. *Appreciative Inquiry: A Positive Revolution in Change*. São Francisco: Berrett-Koehler Publishers, 2005.

6. RASSIN, Eric. *Waarom ik altijd gelijk heb: over tunnelvisie*. Schiedam: Scriptum Psychologie, 2007.

7. *De Volkskrant*, caderno Hart en Ziel, 21 maio 2008.

8. NOUWEN, Arie. Een stuk papier vouwen om de Maan te bereiken. *Astroblogs*, 1º set. 2009. Disponível em: www.astroblogs.nl/2009/09/01/een-stuk-papier-vouwen-om-de-maan-te-bereiken.

## Estratégia do respeito

1 Relato de Jan Ruigrok.

2 RONDA, Kirsten. Feliciteer ouders met scheldende kinderen. *Pedagogiek in Praktijk*, 27 nov. 2014. Disponível em: www.pedagogiek.nu/feliciteer-ouders-met-scheldende-kinderen/1025959.

3 *Der Spiegel*, 17 nov. 2011. Disponível em: www.spiegel.de/international/zeitgeist/this-is-a-oh-never-mind-kids-thwart-robbery-with-piggy--banks-a-798372.html.

4 *ZDF News*, 17 jan. 2012.

5 A história foi contada diversas vezes por John Cleese no outono de 2014, inclusive no *The Graham Norton Show*, em 10 de outubro de 2014.

6 Com agradecimentos a Jan Ruigrok, que anotou para mim essa história ouvida no rádio.

## Estratégia da perseverança

1 MAEX, Edel. *Mindfulness*. Tielt: Lannoo Publishers, 2014.

2 SHAZER, Steve de; DOLAN, Yvonne. *More Than Miracles: The State of the Art of Solution-Focused Brief Therapy*. Nova York: Routledge, 2007.

3 MARCH, J. G. The Technology of Foolishness. *In*: MARCH, J. G.; OLSEN, J. P. (org.). *Ambiguity and Choice in Organizations*. Bergen: Universitetsforlaget, p. 69-81, 1979.

4 MISCHEL, W.; SHODA, Y.; RODRIGUEZ, M. L. Delay of Gratification in Children. *Science*, v. 244, p. 933-938, 1989.

# Estratégia do foco

1  ANTHONIO, Gabriël. *Het beste idee van 2013*. Tilburgo: Uitgeverij De Wereld, 2014.
2  ARDEN, Paul. *Tudo o que você pensa, pense ao contrário*. Rio de Janeiro: Intrínseca, 2008.
3  MANGEL, Marc; SAMANIEGO, Francisco J. Abraham Wald's Work on Aircraft Survivability. *Journal of the American Statistical Association*, v. 79, n. 386, p. 259-267, 1984.
4  SEGERSTROM, Suzanne C. *The Glass Half-Full*. Londres: Robinson, 2009.
5  SEGERSTROM, Suzanne C. *Desmitificando a Lei de Murphy*. Rio de Janeiro: Best Seller, 2007.
6  VISSER, Coert; BODIEN, Gwenda Schlundt. *Paden naar oplossingen*. Schiedam: MainPress B.V., 2008.

# Estratégia do repensamento

1  WISEMAN, Richard. *Did You Spot the Gorilla?* Londres: Arrow Books, 2004.

# Estratégia da eliminação

1  KAPLAN, Sarah; FOSTER, Richard N. *Destruição criativa:Por que empresas feitas para durar não são bem-sucedidas*. Rio de Janeiro: Campus, 2002.
2  BOUWMANS, Martien; ING via Aukje Nauta, Factor Vijf.
3  PARKER, George. *Het grote boek van de creativiteit*. Amsterdã: Archipel, 2004.
4  *The New York Times*, 30 ago. 2012. Disponível em: www.nytimes.com/2012/08/31/nyregion/mta-expands-an-effort-to-remove-trash-cans.html.

5 *DutchNews.NL*, nov. 2008. Disponível em: www.dutchnews.nl/news/ 2008/11/stand-up_meetings_would_cut_co.

6 Com agradecimentos a Katrien Heere, uma das mães envolvidas, que nos mandou essa história.

7 GASPERSZ, Jeff. *Grijp je kans! Vind en benut nieuwe mogelijkheden.* Houten: Spectrum, 2009.

## Estratégia da incorporação

1 WENNEKERS, Joep. Takeovers at Gun-Point: Does Hostility Pay Off in the Long-Run? Dissertação (Mestrado). Radboud University, 2021. Disponível em: https://theses.ubn.ru.nl/bitstream/handle/123456789/11044/Wennekers%2C_Joep_1.pdf ?sequence=1.

2 *The Guardian*, 18 nov. 2014. Disponível em: www.theguardian.com/ world/2014/nov/18/neo-nazis-tricked-into-raising-10000-for-charity.

## Estratégia da colaboração

1 URY, William. *Supere o não: Como negociar com pessoas difíceis.* São Paulo: Benvirá, 2019.

2 *Web Urbanist*, abr. 2013. Disponível em: https://weburbanist. com/2013/04/30/symbiotic-design-life-saving-meds-hide-in-spare-space.

3 História enviada por Jan de Kruif, o pedreiro em questão.

4 Para resguardar a privacidade dos envolvidos, os nomes das pessoas e da empresa não são mencionados.

5 Relato pessoal de Erika de Roo.

6 URY, 2019.

7 Relato de Liesbeth Ligtenberg.

8 BLACK, Octavius; BAILEY, Sebastian. *Mind Gym.* Nova York: HarperOne, 2014.

9 *BBC News*, 28 jun. 2013. Disponível em: www.bbc.co.uk/news/uk-england-hereford-worcester-23104502.

# Estratégia da instigação

1  GRÜN, Anselm. *Buch der Sehnsucht*. Freiburg: Herder, 2003.
2  CIALDINI, Robert B. *As armas da persuasão: Como influenciar e não se deixar influenciar*. Rio de Janeiro: Sextante, 2013.
3  HEWSTONE, M.; HARWOORD, J.; VOICE, A.; KENWORTHY, J. Intergroup Contact and Grandparent-Grandchild Communication: The Effects of Self-Disclosure on Implicit and Explicit Biases Against Older People. *Group Processes & Intergroup Relations*, v. 9, n. 3, p. 413-429, 2006.
4  DIJKSTRA, Pieternel; MULDER, Gert Jan. *Overleven in relaties*. Amsterdã: Uitgeverij Bert Bakker, 2009.
5  História enviada por Nicolet Mulder.
6  CIALDINI, 2013.
7  GOLDSTEIN, Noah J.; MARTIN, Steve J.; CIALDINI, Robert B. *Sim! 50 segredos da ciência da persuasão*. Rio de Janeiro: Best Seller, 2009.
8  ABRAHAMSON, Eric; FREEDMAN, David. *Uma bagunça perfeita: Como aproveitar as vantagens da desordem*. Rio de Janeiro: Rocco, 2008.

# Estratégia da ostentação

1  LINDSTROM, Martin. *A lógica do consumo: Verdades e mentiras sobre por que compramos*. Rio de Janeiro: HarperCollins Brasil, 2017.
2  *The Scotsman*, set. 2011. Disponível em: www.scotsman.com/arts-and-culture/interview-stephen-merchant-comedian-1659794.

# Estratégia da troca de papéis

1  Dito por um casal em relação aos filhos num capítulo da novela neerlandesa *Goede Tijden, Slechte Tijden*.
2  Relato de Esther de Graaf.
3  Relato de Martine van Eijk.

## Estratégia da perturbação

1   O termo "gangorra" foi introduzido na programação neurolinguística (PNL) por Anneke Meijer e Paul Bindels, que fizeram uma observação sobre a abordagem com base no método de trabalho de Frank Farrelly. Fonte: HOLLANDER, Jaap; WIJNBERG, Jeffrey. *Provocatief coachen. De basis*. Schiedam: Scriptum, 2006.

2   MORGAN, Gareth. *Imagens da organização*. São Paulo: Atlas, 1996.

3   FRITZ, Robert. *Your Life as Art*. Newfane: Newfane Press, 2002.

4   BONO, Edward de. *Sur/petition: The New Business Formula to Help You Stay Ahead of the Competition*. Londres: Vermilion, 2019.

5   Relato de John Swaneveld.

6   HEMA Top 5 Shoplifted Products. *CCCP*, 2 mar. 2010. Disponível em: https://staatsloterij-cccp.blogspot.com/2010/03/hema-top-5-shoplifte-d-products.html.

7   *De Volkskrant*, caderno Kennis, 11 out. 2008, p. 7.

## Estratégia da inversão

1   TWAIN, Mark. *As aventuras de Tom Sawyer*. São Paulo: Zahar, 2023.

2   WISEMAN, Richard. *Did You Spot the Gorilla?* Londres: Arrow Books, 2004.

3   TALEB, Nassim Nicholas. *Antifrágil: Coisas que se beneficiam com o caos*. Rio de Janeiro: Objetiva, 2020.

4   SATIR, Virginia. *Making Contact*. Berkeley: Celestial Arts, 1995.

5   Relato de Dagmar Ruth Bouwman.

6   BRYSON, Bill. *Made in America*. Moorebank: Transworld Publishers, 1998.

7   WAAL, Frans de. *A era da empatia*. São Paulo: Companhia das Letras, 2021.

8   BECKER, Gavin de. *Virtudes do medo*. Rio de Janeiro: Rocco, 1999.

9   Discurso na Universidade de Leeds, 4 out. 2012. Disponível em: www.gchq.gov.uk/speech/director-gchq-makes-speech-in-tribute-to-alan--turing.

10 HANNEN, Jos; WEES, Kees-Jan van. *Het geroosterde speenvarken em andere managementparabels.* Amersfoort: Klapwijk en Keijsers Uitgevers, 2007.

11 Relato de Bert van Baar, o pai em questão.

12 As taxas de sucesso iniciais da Housing First são extremamente animadoras. Pesquisas mostram que cerca de 85% dos participantes conseguiram manter suas casas a longo prazo. Depois do exemplo de Nova York, projetos semelhantes foram iniciados em várias cidades dos Estados Unidos e do Canadá. Nos Países Baixos, o princípio da Housing First foi implementado pela Discus, em Amsterdã, e pela De Tussenvoorziening, em Utreque.

# O que é Omdenken?

Omdenken é o termo em neerlandês para flip thinking, a arte de transformar problemas em oportunidades. É um método que ajuda você a pensar em termos de possibilidades e chances em vez de limitações e ameaças. Incentiva você a parar de dizer sim-mas para a vida e, começar a dizer sim-e.

A Omdenken é uma empresa com sede em Utreque, nos Países Baixos, e conta com uma equipe de cerca de 25 pessoas que inclui treinadores, atores e técnicos muito dedicados.

## Berthold Gunster é o criador
## da filosofia Omdenken

Após se formar na Academia de Teatro de Utreque, Berthold Gunster trabalhou por anos como diretor teatral e dramaturgo. Também criou projetos como *Not Your Mama's Bus Tour*, com pessoas em situação de rua em Chicago, e *Why Is Stas Addicted?*, na Ucrânia.

Desde 2001, ele e sua equipe oferecem treinamento, workshops e espetáculos sobre Omdenken para empresas e indivíduos nos Países Baixos e muitos outros lugares, como Alemanha, Bélgica, Espanha, Reino Unido, França, Grécia, Suíça e Cingapura.

Berthold é autor de treze livros de sucesso sobre a teoria Omdenken e já vendeu mais de 1 milhão de exemplares nos Países Baixos. Seu trabalho foi traduzido para vários idiomas.

\* \* \*

O nome e a logomarca da Omdenken são registrados na Europa, no Reino Unido e nos Estados Unidos. O uso de nossa logo, cópias de qualquer texto nosso, falado ou escrito, letras de música ou ideias nossas, assim como a venda de workshops e palestras, não estão autorizados sem aprovação prévia por escrito da empresa Omdenken.

Omdenken B.V.
Oudegracht 263
3511 NM Utrecht
Países Baixos
+31 30 2334062
info@omdenken.nl

## CONHEÇA ALGUNS DESTAQUES DE NOSSO CATÁLOGO

- **Augusto Cury:** Você é insubstituível (2,8 milhões de livros vendidos), Nunca desista de seus sonhos (2,7 milhões de livros vendidos) e O médico da emoção
- **Dale Carnegie:** Como fazer amigos e influenciar pessoas (16 milhões de livros vendidos) e Como evitar preocupações e começar a viver
- **Brené Brown:** A coragem de ser imperfeito – Como aceitar a própria vulnerabilidade e vencer a vergonha (600 mil livros vendidos)
- **T. Harv Eker:** Os segredos da mente milionária (2 milhões de livros vendidos)
- **Gustavo Cerbasi:** Casais inteligentes enriquecem juntos (1,2 milhão de livros vendidos) e Como organizar sua vida financeira
- **Greg McKeown:** Essencialismo – A disciplinada busca por menos (400 mil livros vendidos) e Sem esforço – Torne mais fácil o que é mais importante
- **Haemin Sunim:** As coisas que você só vê quando desacelera (450 mil livros vendidos) e Amor pelas coisas imperfeitas
- **Ana Claudia Quintana Arantes:** A morte é um dia que vale a pena viver (400 mil livros vendidos) e Pra vida toda valer a pena viver
- **Ichiro Kishimi e Fumitake Koga:** A coragem de não agradar – Como se libertar da opinião dos outros (200 mil livros vendidos)
- **Simon Sinek:** Comece pelo porquê (200 mil livros vendidos) e O jogo infinito
- **Robert B. Cialdini:** As armas da persuasão (350 mil livros vendidos)
- **Eckhart Tolle:** O poder do agora (1,2 milhão de livros vendidos)
- **Edith Eva Eger:** A bailarina de Auschwitz (600 mil livros vendidos)
- **Cristina Núñez Pereira e Rafael R. Valcárcel:** Emocionário – Um guia lúdico para lidar com as emoções (800 mil livros vendidos)
- **Nizan Guanaes e Arthur Guerra:** Você aguenta ser feliz? – Como cuidar da saúde mental e física para ter qualidade de vida
- **Suhas Kshirsagar:** Mude seus horários, mude sua vida – Como usar o relógio biológico para perder peso, reduzir o estresse e ter mais saúde e energia

sextante.com.br